*La Bona Vida*

*La Bona Vida*

Àlex Rovira

Primera edició: setembre de 2008


Ara Llibres, sccl
Corders, 22-28
08911 Badalona
www.arallibres.cat


Traducció: Emma de Porrata-Doria

Disseny de coberta: Neli Ferrer
Fotografia de l'autor: Òscar Rodbag

Fotocomposició: Zero preimpresión, S. L.
Impressió: Printer

ISBN: 978-84-92406-98-2
Dipòsit legal: B-38.988-2008

*A Laia, Pol i Mariona*

# ÍNDEX

## PARAULES PER A JÚLIA

Tu no pots tornar enrere
perquè la vida ja t'empeny
com un udol inacabable.

Filla meva és millor viure
amb l'alegria dels homes
que plorar davant el mur cec.

Et sentiràs acorralada
et sentiràs perduda o sola
potser voldràs no haver nascut.

Jo sé molt bé que et diran
que la vida no té cap sentit
que és un assumpte desgraciat.

Llavors, sempre recorda
allò que un dia jo vaig escriure
pensant en tu com ara hi penso.

La vida és bella, ja ho veuràs
com, malgrat tot,
tindràs amics, tindràs amor.

Un home sol, una dona
així presos, d'un a un
són com pols, no són res.

Però jo quan et parlo a tu
quan t'escric aquestes paraules
penso també en altre gent.

El teu destí rau en els altres
el teu futur és la teva pròpia vida
la teva dignitat és la de tothom.

Altres esperen que resisteixis
que els ajudi la teva alegria
la teva cançó entre les seves cançons.

Llavors, sempre recorda
allò que un dia jo vaig escriure
pensant en tu com ara hi penso.

Mai no et deixis vèncer ni et facis
a un costat en el camí, mai no diguis
no puc més i aquí em quedo.

La vida és bella, ja ho veuràs
com, malgrat tot,
tindràs amics, tindràs amor.

D'altra banda, no tenim elecció
i aquest món tal com és
serà tot el teu patrimoni.

Perdona'm, no sé dir-te
res més, però tu comprèn
que jo encara sóc en el camí.

I sempre, sempre recorda
allò que un dia jo vaig escriure
pensant en tu com ara hi penso.

José Agustín Goytisolo

# 1. LA VIDA ÉS BELLA, JA HO VEURÀS

«La vida és el que en fem.»

AFORISME TIBETÀ

Sovint pensem que la vida no té cap sentit. De vegades, quan hem de fer front a la pèrdua, el dol, la crisi o el dolor, sentim que la vida és dura, absurda, difícil, esgotadora. Ara bé, també tenim moments d'alegria, de plenitud, de goig, de felicitat, en els quals sentim en el més profund de la nostra ànima que la vida val molt la pena, que és intrínsecament bella. Quan això succeeix, podem pensar que el simple fet de ser vius, de ser conscients, és un regal extraordinari. En aquests moments de gràcia, ens sembla que tot encaixa, que tot adquireix sentit, i que la vida és una oportunitat per aprendre, créixer, compartir i estimar.

Però, què és la vida? Aquesta pregunta admet, com a mínim, tantes respostes com éssers humans hi ha al món. En realitat, les respostes són infinites si considerem que cadascú de nosaltres la podem respondre de diverses maneres segons el que visquem en el moment en què se'ns formuli, o si ens la fem nosaltres mateixos. Potser una de les respostes més raonables que he escoltat mai prové de l'aforisme tibetà que resa: «La vida és el que en fem». La vida és i serà allò que fem d'ella, de ben segur. I, sobretot, serà el conjunt de significats, de sentits que nosaltres decidim donar-li.

Tanmateix, encara és més cert que construir una vida plena, curulla de sentit, no és gens fàcil. Els arguments per al pessimisme, el cinisme o la resignació han estat, són i seran sempre abundants. Però, què ens quedaria llavors si decidíssim viure des de la pura inèrcia, des de l'apatia o des del cinisme? Res, probablement, res més que el mal humor, la tristesa, l'angoixa o la depressió.

És ben cert que les coses que vivim, si ens agraden, són com són; ara bé, si no ens agraden, les coses també són com són. És, doncs, la nostra feina posar-los el signe, el color i el sentit. I és que, malgrat tot, com ens diu el poema tan bonic «Paraules per a Júlia», que José Agustín Goytisolo va escriure per a la seva filla i amb el qual s'inicia aquest llibre, «val més viure amb l'alegria dels homes que plorar davant el mur cec». També, a pesar dels cops de la nostra experiència, podem tenim amor, esperança, podem lluitar per la dignitat pròpia i la dels altres, construir el nostre destí en la voluntat de servir, crear la felicitat per als qui ens envolten, aquells que estimem. La vida és bella, i serà bella, si decidim posar-hi la bellesa, si decidim comprometre'ns i ho fem de debò, en tot moment. Potser aquest és el gran repte de la nostra existència.

Perquè la Bona Vida és molt més que el *dolce far niente*, que la simple cerca del plaer. Perquè malgrat que aquest hi té el seu paper, la bellesa de l'existència, la seva bondat, resideix en el compromís amb ella, i aquest compromís és, en essència, una actitud que podem escollir aquí i ara.

## La vida, una actitud

«L'ésser humà sembra un pensament i en recull una acció. Sembra una acció, i en recull un hàbit. Sembra un hàbit, i en recull un caràcter. Sembra un caràcter, i en recull un destí.»

Sivananda

Ja fa força anys que tinc el costum de demanar als meus amics o coneguts si es consideren persones amb bona o mala sort. És un exercici molt interessant que m'ha dut a constatar un fet prou revelador: entre una bona part dels qui es consideren persones amb dissort, hi ha motius objectius per comprendre i compartir els seus sentiments, ja que han rebut cops de mena tan diversa que justifiquen la percepció, la vivència i l'atribució d'aquest signe negatiu a la seva vida. Ara bé, el més interessant és el que passa entre l'àmplia majoria dels qui es declaren persones amb bona sort. En una gran part dels que consideren que han viscut una vida afortunada, s'hi observa que també hi ha hagut circumstàncies difícils, plenes de moments penosos, de grans sacrificis, penúries i vicissituds, algunes d'elles tan o més tristes que les circumstàncies dels qui se senten dissortats. Com pot ser, llavors, que hi hagi tantes persones que, malgrat les vicissituds, es considerin amb bona sort? Són, per ventura, inconscients o ingènues? De cap manera. Més aviat tot el contrari. Aquestes persones es consideren afortunades perquè, malgrat tot, senten que aquestes experiències negatives els han servit per aprendre, per créixer, per millorar com a éssers humans, per ampliar la seva percepció de l'existència, per relativitzar les coses i saber que tot el que és bo és un regal, i que, de qualsevol adversitat, se'n pot obtenir el fruit de la saviesa, si hom s'esforça a donar sentit a allò que ha viscut i decideix continuar caminant per compartir aquest fruit amb la gent del seu entorn.

Els fets viscuts són semblants en tots dos casos, entre aquells que es consideren persones amb bona sort, d'una banda, i els que es consideren individus amb dissort, de l'altra. Tanmateix, la vivència i l'elaboració del sentit de l'experiència és tan diferent entre tots dos grups que un se sent víctima de l'atzar i de l'infortuni, mentre que l'altre creu que allò forma part del joc de la vida i, lluny de resignar-s'hi, decideix assumir l'experiència viscuda com un actiu que li ha de permetre aprendre, canviar, créixer, i al qual, per estrany que pugui semblar, convé estar-hi agraït.

Com ara aquella persona que em deia que, arran del càncer que va patir, va aprendre a cuidar-se més, a estimar-se més, a estar més pendent de la dieta, de l'estil de vida, del seu cos, de la salut física i, sobretot, de la salut emocional. O com aquell emprenedor que es va arruïnar i que, en lloc de donar les culpes al seu soci, a la competència o al mercat, assumia que el motiu del seu fracàs havia estat la seva arrogància i la falta de formació, humilitat i perspectiva davant un projecte per al qual no estava preparat. Quins són, doncs, els elements que defineixen les persones que creuen que tenen bona sort a la vida malgrat haver patit circumstàncies tan doloroses com les d'aquells que creuen que són persones amb mala sort? Tot seguit, fem una relació dels elements més representatius:

- ❑ Tenen una actitud positiva davant les experiències que viuen, fins i tot quan aquestes, d'entrada, esdevenen un revés, una dificultat o una crisi. El seu optimisme no s'assenta en la ingenuïtat, sinó en la lucidesa i el compromís amb l'entorn. Quan l'adversitat es presenta, es demanen a ells mateixos en quina mesura han contribuït a la situació i actuen en conseqüència per tal de resoldre la crisi que s'hagi produït.

- ❑ Se saben responsables dels seus actes. Davant l'error o l'adversitat, no tendeixen a culpar un tercer, sinó que es demanen en quina mesura ells són, conscientment o inconscientment, causa del que ha succeït i, en conseqüència, es pregunten com poden solucionar-ho fent ús des de la paraula fins a l'acció reparadora.
- ❑ No viuen els errors com a faltes o fets de què avergonyir-se, sinó que en fan una font d'aprenentatge.
- ❑ Disposen de bones dosis de confiança, la qual cosa els du a mantenir-se fidels al seu propòsit, a perseverar, a treballar per crear les condicions que afavoreixin l'aparició d'allò que persegueixen.
- ❑ Visualitzen: fan servir la seva imaginació per crear amb la seva ment l'anhel ja realitzat. Funcionen amb un «cal creure-ho per veure-ho», més que no pas amb un «cal veure-ho per creure-ho».
- ❑ Són perseverants i resolutius: no posterguen les qüestions que tenen pendents de resoldre.
- ❑ Tendeixen a atribuir un significat constructiu a tot el que els succeeix. I és aquesta voluntat de sentit la que els fa aixecar-se després d'haver caigut, tants cops com sigui necessari, sobretot perquè senten que caminen no per ells mateixos, sinó per acompanyar altres, estimar-los i servir-los.
- ❑ Sempre tenen ben present un sentit de contribució i de servei envers els altres. El seu «jo» és més aviat un «nosaltres». Aquesta identitat expandida actua com un incentiu per no resignar-se i per esforçar-se amb l'objectiu d'aconseguir la seva utopia personal.

- ❑ Són generadors i contagiadors d'emocions positives, com ara la tendresa, la gratitud, l'entusiasme, l'optimisme o l'alegria. Lluny de ser arrogants, descreguts, cínics, nihilistes o resignats, aquests individus decideixen fer un exercici conscient de generació i lliurament d'emocions que conviden els altres a sentir-se més bé.

Com podem veure, totes aquestes característiques tan diverses que comparteixen aquells que podríem anomenar «creadors de bona sort» es poden sintetitzar en una sola paraula: *actitud*. Per això, podem dir que la Bona Vida és la suma de les actituds amb què nosaltres decidim viure-la i lliurar-nos-hi. És, en conseqüència, el resultat del conreu de les actituds positives que podem escollir en un exercici voluntari i plenament conscient, i, a més, és l'acció que se'n desprèn de manera natural i coherent. Aquestes actituds les podem triar en qualsevol moment i fer-ne ús en les diverses dimensions de la nostra vida: la feina, l'amor, l'oci o l'educació dels fills. Així és: la nostra vida és la nostra actitud. O més ben dit, la nostra vida serà el resultat de l'elecció conscient de les nostres actituds cada moment de la nostra existència.

## Podem escollir

> «Quan el meu sofriment es va incrementar, ben aviat vaig veure que hi havia dues maneres amb les quals podia respondre a la situació: reaccionar amb amargura o transformar el sofriment en una força creativa. Vaig escollir l'última.»
>
> Martin Luther King

Avui sabem que bona part de les depressions que afecten l'ésser humà són causades no tant pel que succeeix, sinó per allò que ens diem dia rere dia en el nostre monòleg interior. Si els nostres sentiments estan carregats d'acidesa, de pessimisme, de desesperança; si no deixem de criticar-nos contínuament a nosaltres mateixos i als altres; si només veiem els defectes, les mancances o els errors i ens vestim de víctimes, ens sentirem, inevitablement, desgraciats. A més, talment com l'entusiasme és contagiós, la depressió també ho és. La nostra manera de pensar crea una forma de sentir que defineix un tarannà que tendeix a provocar pensaments i a generar sentiments de signe similar als que ens envolten.

Això vol dir, doncs, que hem de negar emocions com ara la tristesa, el dubte o la ràbia? De cap manera. Més aviat tot el contrari. El repte és viure-les a fons, deixant-nos traspassar per elles, reconeixent les dimensions humanes que ens ofereixen, perquè solament gràcies a elles podem conèixer les emocions oposades i obrir-nos al regal que suposen. El repte potser sigui no recrear-nos en el «victimisme» ni caure en la resignació ni el cinisme. I posats a fer, sabent que podem escollir en tot moment la nostra actitud per relacionar-nos amb els altres, el millor és prendre consciència que si les nostres actituds per encarar la vida es caracteritzen per estar amarades de responsabilitat, passió, optimisme, coratge, propòsit, entrega, gratitud i tantes altres, no només ens sentirem millor, sinó que farem que aquells que ens envolten se sentin també més bé i gaudeixin d'una Bona Vida.

Les actituds de cada instant condicionen el nostre futur, i són una eina molt poderosa de què tot sovint no som conscients, perquè hi resideix el signe i el significat final que tindrà la nostra vida.

*Al final de cada capítol trobaràs fragments de text breus que il·lustren les qüestions que hi he tractat i et conviden a reflexionar-hi. Espero que et seran útils i inspiradors, i que, per damunt de tot, t'ajudaran a descobrir com fer de la teva vida una Bona Vida.*

«Els que vam estar en camps de concentració recordem els homes que anaven de barraca en barraca consolant els altres, donant-los l'últim tros de pa que els quedava. Potser n'eren pocs, en nombre, però oferien prou proves que a l'home se li pot arrabassar tot llevat d'una cosa: la darrera de les llibertats humanes —l'elecció de l'actitud personal davant un conjunt de circumstàncies— per decidir el seu propi futur.»

*L'home a la recerca de sentit,*
VIKTOR FRANKL

«Si desitgem viure, no un moment rere un altre, sinó sent realment conscients de la nostra existència, la nostra necessitat més urgent i difícil és trobar un significat a les nostres vides. Com ja se sap, molta gent ha perdut el desig de viure i ha deixat d'esforçar-se perquè aquest sentit ha fugit d'ells. La comprensió del sentit de la vida no s'adquireix de cop i volta, a una edat determinada ni quan un ha arribat a la maduresa cronològica, sinó que, contràriament, obtenir una comprensió certa del que és o del que hauria de ser el sentit de la vida significa haver assolit la maduresa psicològica.

Aquesta consecució és el resultat final d'un llarg desenvolupament: a cada etapa cerquem, i hem de ser capaços de trobar, una mica de significat congruent amb el qual s'hagin desenvolupat les nostres ments. [...] Per assolir un sentit més profund, cal ser capaç de transcendir els estrets límits de l'existència centrada en un mateix, i creure que tothom pot fer una contribució important a la vida, si no ara, en el futur. Aquesta sensació és necessària si una persona vol estar satisfeta amb ella mateixa i amb allò que fa. Per tal de no restar a mercè dels capricis de la vida, un ha de desenvolupar els seus recursos interns, perquè les emocions pròpies, la imaginació i l'intel·lecte es reforcin i s'enriqueixin mútuament entre ells. Els nostres sentiments positius ens donen forces per desenvolupar la nostra racionalitat; només l'esperança ens pot sostenir en les adversitats amb què, inevitablement, ens trobem.»

*Psicoanàlisi dels contes de fades,*
BRUNO BETTELHEIM

## 2. VIURE: UNA OPORTUNITAT

> «L'objectiu de la vida és néixer plenament, però la tragèdia consisteix en el fet que la majoria de nosaltres mor sense haver nascut veritablement. Viure és néixer a cada moment.»
>
> ERICH FROMM

El temps flueix, els dies passen i cada segon que vivim és un moment que ja no tornarà. La vida, la nostra vida, avança implacablement. Perquè una cosa és estar viu i una altra de ben diferent és viure la vida. Una cosa és ser simples espectadors del temps i l'espai que ens acompanyen i defineixen l'escenari on ens movem, i una altra de molt diferent és intervenir en el guió per tal de modificar, en la mesura de les nostres capacitats i responsabilitats, aquest escenari vital, sent capaços de construir una vida bella, una Bona Vida.

Tendim a plantejar-nos les qüestions essencials de la vida quan aquesta ens enfronta a una situació límit. Molts cops la mort d'un ésser estimat pot provocar-nos una reflexió profunda sobre el sentit de la nostra vida, que abans no ens havíem plantejat simplement perquè pensar-hi és complex, difícil i de vegades incòmode. Potser per això, paga la pena pensar en la nostra pròpia vida, prendre consciència de les coses que li donen sentit, reflexionar sobre les qüestions importants i definir un propòsit pel qual valgui la pena viure-la. Perquè pot passar que, quan ens adonem de la increïble oportunitat d'estimar i créixer que suposa l'existència, disposem de poc temps per aprofitar-la. I és que el sentit de la vida no s'adquireix per casualitat, sinó després de reflexionar-hi. Per tant, justament per això, hem de ser nosaltres els qui, en un exercici de consciència i de reflexió profunda, construïm aquest sentit que volem donar-li per seguir caminant pel seu camí amb esperança, humilitat, alegria, generositat, vocació de servei envers els altres i bon humor, perquè, quan arribi el moment del nostre darrer sospir, ens en puguem anar amb un somriure als llavis i l'ànima a vessar de gratitud per haver viscut una vida plena, bella i curulla de significat.

Potser també ens adonarem que el sentit de la nostra vida dependrà finalment de com hi actuem, de si som actius o passius, proactius o reactius, positius o negatius enfront els esdeveniments i enfront els altres, en definitiva, el sentit que nosaltres donem a la vida tindrà molt a veure amb les actituds que escollim tenir mentre visquem.

Ara bé, hem estat educats per fer de la nostra pròpia vida un objecte de pensament, de reflexió, de planificació, de canvi actiu? Hem rebut les nocions mínimes necessàries per construir la nostra pròpia vida, per definir projectes anhelats, talents que volem desenvolupar, iniciatives que volem consolidar, causes a les quals volem contribuir, experiències que desitgem viure, llegats que volem deixar?

Més aviat diria que no. És més, el fet de plantejar-se aquest exercici pot fer que més d'un alci la cella, ens miri de cua d'ull i ens demani amb sornegueria o cinisme si tenim algun trastorn hormonal, com a mínim. Perquè el més normal és tirar pel dret i deixar en mans de la inèrcia i la rutina l'esdevenidor. Malauradament, en lloc de considerar-se una reflexió necessària i útil per dotar de direcció i sentit la nostra vida, el fet de plantejar-se construir un full de ruta personal sembla, ara com ara, més aviat un exercici d'ingenuïtat o bé el resultat d'una crisi.

## El temps és breu

> «Hem oblidat que la nostra única finalitat és viure i que viure ho fem dia rere dia i que a totes les hores de la jornada assolim el nostre veritable objectiu si vivim. Els dies són fruits i el nostre paper és menjar-nos-els.»
>
> Jean Giono

Robin Williams xiuxiuejava, com una lletania, *carpe diem* («viu el moment»), als seus alumnes a la pel·lícula *El club dels poetes morts*, mentre els nois contemplaven a les vitrines de l'escola velles fotografies en color sèpia de xicots de la seva mateixa edat que havien passat per allí temps enrere i que ja eren morts.

La joventut del present contemplant la que havia estat i ja no era servia com a provocació a l'apassionat mestre per despertar als seus alumnes la consciència que el temps és breu, i que val la pena beure cada instant de la vida i crear un projecte vital d'acord amb els anhels de cadascú. Contràriament a allò que el protagonista del film proposava als seus alumnes, a mesura que passa el temps i observo el que succeeix al meu entorn, creix dins meu la sensació que deixem allò que és essencial per a després del funeral. Em refereixo a la reflexió sobre les qüestions més importants de les coses que donen sentit a la vida, que l'alimenten, que aporten profunditat a les nostres experiències, qualitat als moments viscuts, gratificació emocional i intel·lectual, vincles afectius potents, illes de sentit, sensació d'acompliment i de plenitud. És a dir, tot allò perquè val la pena fer l'esforç de construir el nostre full de ruta i de comprometre'ns a fer-lo realitat.

Fàcilment es constata aquest fenomen en els moments desgraciats que a tothom ens toca viure quan hem d'acomiadar algú la mort del qual no era prevista en el guió. Com succeeix a la pel·lícula *Quatre bodes i un funeral*, la mort de l'amic o de l'ésser estimat que arriba de cop i volta ens acostuma a dur no solament al dol inevitable, sinó també a demanar-nos els «per què» de la nostra existència i, potser, a prémer l'accelerador del coratge i a atrevir-nos a crear nous escenaris existencials, sabent que vivim de miracle i que d'aquesta aventura anomenada vida val la pena que ens en beguem fins a la darrera gota.

L'accident mortal, l'infart o la malaltia terminal ens obren els ulls de manera sobtada, amb dolor, incredulitat, terror i angoixa. Com si de cop i volta ens adonéssim que a la butxaca també hi tenim uns quants números per al sorteig del final inesperat. En aquests moments, la fragilitat de la vida ens despulla i ens obre la porta a reflexions i sentiments que ens porten a plantejar-nos quin sentit té la vida, la nostra vida; què hi fem, aquí, per què vivim, i si la manera de fer-ho ens satisfà.

## Resignar-se, imaginar o actuar

«La resignació és un suïcidi quotidià.»

Honoré de Balzac

Tal com succeeix a la protagonista del llargmetratge *Mi vida sin mí*, d'Isabel Coixet, la lucidesa apareix pel que podríem anomenar «l'efecte bufetada». Allò que no ens plantegem per convicció ens esclata als nassos per compulsió i ens reclama una resposta, la qual, acostumats com estem a solucions fàcils i ràpides, ni el Prozac, ni el Google, ni la Vikipèdia no ens la poden donar. Llavors, la reflexió sentida i el sentiment pensat s'imposen. Tots dos es necessiten per construir un full de ruta personal amb un mínim de sentit que alleugi els efectes de la crisi i ens permeti continuar caminant amb esperances renovades i amb un propòsit existencial.

Com és lògic, davant l'opció de decidir construir la nostra pròpia vida i dotar-la d'un sentit, hi ha l'alternativa de l'abandonament, de la resignació. Però aquesta elecció no resol ni la inquietud ni l'angoixa ni el malestar. Ans al contrari, més aviat els incrementa. Perquè resignar-se, com també ser cínic, és fàcil. Només es necessita un sofà còmode i un mínim d'exercici de reflexió. Arguments per a la resignació i el cinisme mai no han escassejat a la història i tampoc no ho faran en el futur. Davant d'això, el difícil, el complex, perquè implica un compromís i una acció coherent, és arromangar-se i treballar per canviar i crear les circumstàncies que donin sentit a la vida i facin d'aquest món un lloc més habitable per a tothom. Tanmateix, el primer que cal fer és dur-ho a la pràctica; aquest és el repte. Un repte que en ell mateix és un exercici de consciència, de coratge, de responsabilitat i perseverança.

## El Nord de la nostra brúixola interior

> «No hi ha cap remei per a l'amor, però l'amor és el remei de tots els mals.»
>
> Leonard Cohen

Però, per què vivim? No és pas tan fàcil saber què volem i menys encara respondre la pregunta sobre el sentit de la nostra vida!

Per tal de fer un primer pas, hi ha un exercici molt senzill. Es tracta de respondre aquella pregunta que el doctor Viktor Frankl feia a alguns dels seus pacients després de la seva experiència com a supervivent en els camps d'extermini nazis. Ell, que va sobreviure en aquesta terrible experiència a quatre camps d'extermini (entre ells el d'Auschwitz, on morí la seva família assassinada), va constatar a la seva pròpia pell i a la d'altres supervivents que qui té un «perquè» viure, troba sempre un «com» fer-ho, i va observar que aquesta regla era també útil i aplicable a situacions quotidianes. Per això, un cop acabada la guerra i alliberat d'aquells coberts del terror, quan va reprendre la seva consulta psicològica i algun dels seus pacients li deia que es trobava deprimit, li demanava, lluny de qualsevol ironia o sarcasme: «I, vostè, per què no se suïcida?». Davant una pregunta d'aquesta envergadura, el pacient, normalment, responia que no ho feia o bé perquè hi havia algú a qui estimava i amb qui volia romandre, cuidar o compartir la vida, o bé perquè volia portar a terme algun projecte. «Bé, doncs, esmerci la seva energia a conrear la relació amb aquesta persona o a crear les circumstàncies per al projecte que tant desitja realitzar», era la mena de resposta del doctor Frankl.

Dit d'una altra manera, allò que dóna sentit a la nostra vida, l'eix de qualsevol full de ruta personal és l'amor. Pot ser l'amor a algú, o l'amor a alguna cosa (un projecte pendent, un viatge anhelat i que encara no s'ha pogut fer, una causa a la qual volem contribuir amb la nostra feina...). L'amor és a l'origen de qualsevol full de ruta, però és molt més que el punt de partença: és també la força que ens empeny a avançar, és el camí sobre el qual viatjarem, i és alhora el destí anhelat.

Llavors, què és allò que ens fa decidir a continuar vivint? Què faríem ara si sabéssim que ens queden —per posar una xifra— sis mesos de vida? Què és allò que estimem i per la qual cosa paga la pena treballar per deixar un llegat que sigui útil als qui continuaran aquí després de nosaltres? Respondre aquestes qüestions ens pot donar unes primeres pistes útils per afinar la nostra brúixola interior.

## Acció!

«No importa allò que sentim o sapiguem, no importen les nostres dots potencials o talents, només l'acció els dóna vida. Molts de nosaltres entenem conceptes com ara compromís, coratge i amor, però en realitat saber és fer. Fer porta la comprensió i les accions converteixen els coneixements en saviesa. No pots travessar el mar simplement mirant-ne l'aigua.»

Rabindranath Tagore

Moltes de les utopies del passat són avui realitats concretes. Escenaris que fa anys eren inimaginables s'han fet realitat gràcies a la combinació entre la imaginació i el desig, que ha aconseguit transformacions significatives en l'existència de milions de persones. Cal que actuem, cal que fem per transformar. La imaginació sense acció és fantasia. L'acció sense reflexió i unes actituds sanes que la condueixin pot ser no només precipitació, sinó també causa de dolor i crisis innecessàries.

Començarem, doncs, en els pròxims capítols un viatge per aquelles actituds el conreu de les quals en tot moment, especialment en les situacions més difícils de la nostra vida, pot suposar un canvi significatiu no només en el procés, sinó també en el desenllaç final de nosaltres mateixos i dels qui ens envolten, i també, és clar, dels qui estan per venir.

«Guanyar-se el respecte de les persones intel·ligents i l'amor dels nens. Valorar la bellesa de la natura i de tot el que ens envolta. Buscar i fomentar el millor dels altres. Donar el regal d'un mateix a altres sense demanar-los res a canvi, perquè és donant com rebem. Haver acomplert una tasca com ara salvar una ànima perduda, curar un nen malalt, escriure un llibre o arriscar la vida per un amic. Haver celebrat i rigut amb gran entusiasme i alegria, cantant amb exaltació. Tenir esperança fins i tot en temps de desesperació, perquè mentre hi ha esperança hi ha vida. Estimar i ser estimat. Ser entès i entendre. Saber que algú ha estat una mica més feliç perquè tu has viscut. Aquest és el significat de l'èxit.»

Ralph Waldo Emerson

## 3. ON ÉS LA FELICITAT?

> «Què és la felicitat, sinó el desenvolupament de les nostres facultats?»
>
> GERMAINE NECKER

A principi del segle XX un antropòleg del Govern colonial belga va topar en el cor de la selva congolesa amb un grup de pigmeus. La llegenda explica que aquells homes, pràcticament despullats i desposseïts de gairebé totes les coses, li van semblar tan riallers que no va poder-se resistir a demanar-los si se sentien feliços. Sorprenentment, els pigmeus no van saber què respondre-li. No entenien què els demanava. Els termes *feliç* i *felicitat* no eren en el seu vocabulari per la senzilla raó que no els necessitaven. I és que l'ús i la democratització del concepte «felicitat» és relativament recent. A mitjan i finals del segle XVIII, amb la Il·lustració, la Revolució francesa i la Revolució americana, és quan es va començar a considerar la felicitat com un dret dels ciutadans, un bé al qual es podia aspirar legítimament. Des d'aquell moment, la idea de la felicitat s'ha anat modificant fins a convertir-se avui dia en un preuat objecte de desig.

Ara bé, en què consisteix actualment la felicitat, en ple segle XXI? Si atenem a la gran varietat de llibres i estudis que es publiquen sobre el tema, veurem que, sens dubte, la felicitat torna a estar de moda. Psicòlegs, sociòlegs, economistes, antropòlegs, biòlegs i molts altres especialistes de diferents disciplines aborden avui, amb renovada curiositat, el seu estudi.

En un món en el qual els indicadors globals de riquesa sembla que estiguin en alça, hi ha alguna cosa que no encaixa quan, al seu torn, les malalties psicològiques, la depressió, l'angoixa o les urgències psiquiàtriques augmenten progressivament. Potser els pigmeus amb els quals es va topar l'antropòleg colonial belga en el segle passat no sabien el que era la felicitat, però eren ben feliços, i avui dia tenim aparentment moltes coses que ens haurien de procurar una felicitat que no és tanta com es podria esperar. Serà que la mateixa obligació de ser feliços genera infelicitat? Aquest és un enigma que només es respon parlant-ne amb moltes persones, de diversos països i sota diferents prismes. Si fem l'exercici, veiem que la felicitat es construeix no a través de les coses, sinó en altres dimensions més subtils, menys tangibles. Endinsem-nos, doncs, en les qüestions que relacionen la felicitat amb la construcció d'una Bona Vida, i vegem quins són aquells elements de la felicitat que propicien que ens obsequiï amb la seva presència.

## Amor, tendresa i afecte

«La felicitat és fer feliços els altres.»

François Lelord

A finals dels anys seixanta del segle xx, Palito Ortega va entrar a les llistes d'èxits musicals amb una cançó encomanadissa la tornada de la qual feia: «*La felicidad, ja, ja, ja, ja, me la dio tu amor, jo, jo, jo, jo*». Avui dia, quaranta anys més tard, la ciència i els estudis sociològics donen la raó a la tornada de Palito. Segons la neurobiologia i els estudis d'opinió, la matèria primera essencial de la felicitat és l'amor. Ningú no és més feliç que aquell que estima i, al seu torn, se sent correspost. La tendresa, l'afecte i les carícies són la primera parada obligada en el camí cap al laberint de la felicitat.

L'amor i la intimitat que se'n deriva constitueixen l'única manera d'aprehendre un altre ésser humà en el més profund de la seva personalitat. En aquest procés, la persona que estima possibilita que l'ésser estimat manifesti les seves potències. És a través d'aquesta presa de consciència del que *podem arribar a ser* gràcies al reconeixement i el suport de qui ens estima, que s'activa un mecanisme, una mena de *despertador intern*, que enforteix el nostre potencial fins a convertir-lo en realitat. Allí, en el procés de desenvolupament personal que neix de l'amor, es viu una experiència molt més intensa que el plaer: la felicitat.

## La consciència

«La felicitat consisteix a valorar el que tens.»

Hellen Keller

Un altre tret comú de les persones que es declaren felices és la seva capacitat de valorar el que tenen i gaudir-ne. La consciència del valor d'allò que tenim i que ens dóna la vida, com també de les petites i les grans alegries. I no ens referim a la possessió de béns materials, que més que no pas felicitat el que fan es procurar confort, benestar o plaer. Tot el contrari, la felicitat sembla emergir de la presa de consciència del que és obvi i que, precisament per això, obviem: una bona salut, la companyia dels nostres, el contacte amb la natura, una bona conversa, tenir el privilegi de fer una feina que ens agrada.

A l'antiga Grècia hi havia un concepte que, malauradament, ha caigut en desús amb el pas del temps: *obnosi*. L'*obnosi* fa referència a allò que és obvi i que, paradoxalment, acaba sent obviat. *Obvi* procedeix del verb *obviar*, el participi del qual és *obviat*. Obviem el que és obvi. Un exemple simple seria dir que sense un aire respirable moriríem o cauríem malalts. Ara bé, potser només valorarem el fet de tenir aire respirable el dia que haguem de pagar per respirar, quan els estats hauran de finançar les seves polítiques mediambientals mitjançant un impost que gravi el nostre «consum» d'aire com a ciutadans. Perquè és obvi que si no respirem, morim, però normalment no ens n'adonem, d'això. Potser el dia que valorarem aquesta obvietat obviada no sigui tan lluny. Quan els estats d'arreu del món hagin de finançar polítiques mediambientals que depurin les ingents quantitats no només de diòxid de carboni, sinó també d'altres agents contaminants que aboquem contínuament a l'atmosfera.

Si tornem a la consciència com a factor clau per aconseguir la felicitat, val la pena obrir els ulls, aquí i ara, per adonar-nos de tot el que ens envolta i per la qual cosa ens podem sentir feliços i agraïts: des del batec del nostre cor, la salut del nostre cos, la bona música de fons que ens acompanya, l'existència d'un ésser estimat o el vas d'aigua clara per saciar la nostra set. Qüestions quotidianes carregades de valor.

Val la pena adonar-nos-en i procurar tenir cura d'aquestes petites grans qüestions. Perquè, sens dubte, els conceptes de consciència, amor i felicitat van plegats. Ja ho deia el savi alquimista medieval Paracels: «Qui coneix estima. I qui estima és feliç».

## La voluntat de sentit

«Qui té per què viure trobarà sempre com fer-ho.»

Friedrich Nietzsche

Trobem, a més, un altre element comú entre les persones que es declaren felices: la voluntat de sentit; l'exercici voluntari i conscient de donar un significat positiu i constructiu a allò que viuen, sigui quin sigui el significat de l'experiència registrat. Després, des de l'exercici d'aquesta voluntat de sentit, no és tan important allò que ens succeeix com el significat que donem al que ha succeït. Altrament, qualsevol experiència negativa que haguem patit en el passat pot esdevenir l'element alquímic de la felicitat en el futur. Els exemples són múltiples i abracen totes les dimensions de la vida: «Si no hagués conegut aquella parella que em va fer la vida impossible, no tindria la parella que tinc ara»; «si no hagués tingut aquell cap tan lamentable, que em va mostrar el que mai no s'ha de fer, no sabria valorar avui el fet de tenir un bon cap com el que ara tinc»; «si no hagués patit aquella malaltia, no hauria pres consciència de com desenvolupar uns nous hàbits per tenir cura del meu cos», etc. La persona feliç intenta extreure la part positiva de tot el que viu. No des de la ingenuïtat, ni des de l'estupidesa; tampoc des de la submissió, sinó des del coratge, la força interior i el lliurament a la pròpia vida. En aquest sentit, Albert Camus assegurava que «la pròpia lluita per assolir el cim és suficient per arribar al cor d'un home». I concloïa: «Sísif degué ser feliç».

## El luxe del que és essencial

> «És més fàcil posar-se unes sabatilles que encatifar tota la Terra.»
>
> Anthony de Mello

Naixem ingenus i feliços, i la paradoxa és que ho deixem de ser a mesura que cerquem la felicitat en els objectes, en la matèria. També tot sovint, a mesura que creixem i envellim, la intel·ligència ens porta a l'escepticisme. Ara bé, l'escepticisme no és una bona base sobre la qual edificar la felicitat. Més aviat és una parada necessària en el camí de la saviesa, però mai no és la parada final. La mateixa intel·ligència que ens hi va dur ha de tornar-nos a la ingenuïtat perduda no com un mitjà per assolir la felicitat, sinó com un fi en ell mateix. I és en aquesta ingenuïtat on, de cop i volta, emergeixen la humilitat i la gratitud, ingredients imprescindibles en el viatge cap al centre del laberint de la felicitat i per a la construcció d'una Bona Vida. Des d'ells valorem el que és essencial, la senzillesa, l'autenticitat, l'honestedat: l'amistat, la bellesa natural, l'art que neix de l'esforç, la presència dels éssers que estimem, el valor de la vida, el fet sagrat que resideix a la pell d'aquells que estimem, el luxe del que és essencial.

## Servir i donar-nos als altres

> «Si volem un món de pau i justícia hem de posar la intel·ligència al servei de l'amor.»
>
> Antoine de Saint-Exupéry

Arribats en aquest punt, sorgeix la pregunta inevitable: Com podem ser feliços si vivim en un món on la justícia, la solidaritat, la pau o els drets humans són encara avui dia una utopia en moltes parts del planeta? Potser en aquesta tristesa inevitable que neix en llegir el diari cada dia rau l'esperó cap a la creació de la felicitat, però no la pròpia, sinó la de l'ésser humà que pateix. Si no hi ha tristesa, no hi pot haver compassió ni revolta, i si no hi ha compassió i revolta, no hi pot haver un veritable impuls cap a la transformació. La compassió, el fet de donar-se als altres i servir una causa més gran que un mateix és la font de la felicitat, malgrat que només sigui des de l'egoisme intel·ligent que fa que, en lliurar-nos-hi, aconseguim oblidar-nos dels nostres propis problemes.

Per difícil que sigui la seva situació, les persones que construeixen la seva felicitat en el servei als altres no veuen l'existència com un fre, sinó com un univers ple de possibilitats on tot està per fer. En aquest repte que s'ha d'acomplir, en la utopia que s'ha d'assolir, aquí també rau la felicitat.

## L'alegria

> «Moltes persones es perden les petites alegries mentre esperen la gran felicitat.»
>
> Pearl S. Buck

Finalment, si tot el que hem dit fins ara ens sembla massa complex, sempre podem arribar a la felicitat de bracet de l'alegria. Com els pigmeus que citàvem a l'inici del capítol, hem d'aprendre molt dels humans que, des de la seva nuesa, mai no tenen la necessitat de trencar-se la closca intentant comprendre *què és la felicitat*. Aquestes persones, simplement, experimenten l'alegria, que és més directa, més simple, més fàcil, més innocent i més tangible que la felicitat.

L'alegria ens espera en les petites coses de la vida per xiuxiuejar-nos a l'orella que a través d'ella podem ser feliços. I és que, realment, és difícil ser feliç quan es busca incessablement i amb angoixa en què consisteix la felicitat. Perquè la felicitat no és cap lloc on s'ha d'arribar, és més aviat una manera de fer camí. No és cap destí, és un símptoma que sorgeix en caminar. I mentre hi ha qui es dedica a perseguir la felicitat, n'hi ha d'altres que la creen estimant, servint, desenvolupant-ne la consciència, procurant cuidar el que és essencial o brindant pessics d'alegria als qui els envolten.

### Paraules per a una Bona Vida

«Primer de tot,

»M'agrada la gent que vibra, que no cal empaitar-la, que no cal dir-li que faci les coses, sinó que sap què ha de fer i que ho fa en menys temps de l'esperat.

»M'agrada la gent amb capacitat per mesurar les conseqüències de les seves accions, la gent que no deixa les solucions a l'atzar.

»M'agrada la gent estricta amb la seva gent i amb ella mateixa, però que mai no oblida que som humans i que ens podem equivocar.

»M'agrada la gent que pensa que la feina en equip, entre amics, produeix més que els esforços individuals caòtics.

»M'agrada la gent que sap com n'és, d'important, l'alegria.

»M'agrada la gent sincera i franca, capaç d'oposar-se amb arguments serens i raonables.

»M'agrada la gent amb criteri, que no s'avergonyeix de reconèixer que no sap alguna cosa o que es va equivocar.

»M'agrada la gent que en acceptar els seus errors s'esforça genuïnament per no tornar-los a cometre.

»M'agrada la gent capaç de criticar-me constructivament i a la cara; a aquests els considero els meus amics.

»M'agrada la gent fidel i persistent, que no defalleix quan es tracta d'assolir objectius i idees.

»M'agrada la gent que treballa pels resultats.
»Amb gent com aquesta, em comprometo a qualsevol cosa, ja que pel sol fet d'haver tingut aquesta gent al meu costat, em dono per satisfet.»

Mario Benedetti

## 4. DEIXAR ANAR LLAST

> «No carreguis mai més d'un tipus de problema a la vegada. N'hi ha que en carreguen tres: els que van tenir, els que tenen ara i els que s'imaginen que tindran.»
>
> EDWARD EVERETT HALE

«Qui camina amb lleugeresa arriba lluny», resa un proverbi xinès. I la idea que ens suggereix és que per caminar de gust per la sendera de la vida és convenient que no deixem entrar gaires pedres dins les nostres sabates, que no visquem com a difícil o impossible el fet d'aturar-nos i treure'ns-les, i que el nostre calçat sigui fàcil de posar i de treure.

I és que, tot sovint, en el camí de la nostra existència, se'ns fiquen pedres a les sabates la presència de les quals és summament incòmoda i dificulta l'experiència d'una Bona Vida, perquè malmeten el calçat i el mitjó existencial, i poden arribar a lesionar greument la nostra pell anímica. El més raonable, un cop se'ns ha colat una pedreta, és aturar-se i alliberar-nos-en. Però, malgrat que sigui paradoxal, de vegades preferim encaixar-la entre els dits o fer-li un raconet en algun lloc dins la sabata abans que aturar-nos, asseure'ns o recolzar-nos a la paret per descalçar-nos i tornar a deixar la nostra molesta estatgera en el camí del qual procedeix.

Els motius del nostre comportament, és a dir, de preferir dur la pedra dins la sabata, poden ser causats per la inèrcia, les presses, la vergonya —«què dirà la gent si ara m'aturo i em descalço aquí al mig»— o bé la mandra —«al capdavall, d'aquí a una estona arribaré a casa i me la podré treure». Així, la petita tortura pot arribar a convertir-se en una ocupant que ens acompanyi un bon tros fins vés a saber on.

Ara bé, arribats en aquest punt, i un cop hem decidit que la pedra resti amb nosaltres, la relació d'amor-odi que s'estableix pot donar molt de si. Per exemple, podem optar per respondre a aquell que ens demani la causa de les nostres ganyotes de dolor o de la nostra manera estranya de caminar, que tenim una pedra dins la sabata des de fa una bona estona i que és força dolorosa, però que no hem trobat encara la manera, el moment ni el lloc adient per desempallegar-nos-en. Potser si ens interpel·len i ens pregunten per què no ens en lliurem d'una vegada per totes amb un senzill gest, argumentarem que, en el fons, tampoc no n'hi pas per tant, que «a qui no se li ha ficat alguna vegada una pedreta a la sabata?», o bé que, al cap i a la fi, no només t'acabes acostumant al dolor, sinó que, ben mirat, aquest fins i tot et proporciona un cert plaer i acabes per agafar afecte al macolí. En qualsevol cas, la quantitat d'arguments que es poden esgrimir és il·limitada i depèn de la imaginació del propietari de la sabata ocupada.

Em passa pel magí que aquesta metàfora és molt apropiada per reflexionar sobre tot allò que de vegades carreguem a les nostres espatlles i que ens complica un trànsit lleuger, amable i en pau per l'existència. Vés a saber.

## Les pedres mentals

«Angoixat, el deixeble va anar veure el seu mestre i li va demanar: —Com me'n puc alliberar, mestre? El mestre li va respondre: —Amic meu, qui et lliga?»

Conte hindú

Alguns prejudicis i falses creences que tenim de nosaltres mateixos i dels altres poden ser un veritable impediment per a la construcció d'una Bona Vida. Aquestes pedretes en forma de pensaments tòxics i limitants s'encarreguen de destruir la nostra autoestima, el nostre coratge, la possibilitat d'obrir-nos a un intercanvi espontani que ens porti a conèixer gent interessant, viure aprenentatges necessaris i fins i tot experiències reveladores.

Convé que revisem les *creences-mordassa* que tenim de nosaltres mateixos, ja que poden esdevenir traves importants per al fluir de la nostra vida. Tot això, juntament amb el fet de desarmar progressivament els prejudicis propis i aliens —aquelles idees preconcebudes que, com si fossin etiquetes, inhibeixen l'experiència del coneixement no contaminat de l'altre—, és un exercici summament saludable que ens obre les portes d'un univers de possibilitats de relació. Per aquest motiu és molt saludable que, de tant en tant, ens asseguem per reflexionar, agafar fins i tot un paper i un llapis i fer un inventari d'aquelles *pedres-opinions* que se'ns fiquen dins la sabata del nostre magí i que tant poden malmetre la imatge que tenim de nosaltres mateixos —i que conseqüentment projectem—, com també la que tenim de la gent que ens envolta i de les persones que tard o d'hora formaran part del nostre entorn.

## Les pedres emocionals

«Entre els individus, l'amistat no ve mai donada, sinó que cal conquerir-la indefinidament.»

Simone de Beauvoir

«Si tens cap amor, deixa'l lliure; si torna a tu, és perquè és teu; si no torna, és perquè mai no ho va ser.»

A les sabates del nostre cor, s'hi poden colar també còdols que prenen la forma de relacions no desitjades o tòxiques, simbiosis que, en comptes de fer-nos créixer, ens enfonsen anímicament. Companyies limitadores, castradores, psicològicament víriques o negatives, que ens fan sentir malament, generen mal humor i pessimisme, i ens obren les portes a l'esgotament psicològic i fins i tot a la depressió. Són, a més, causants de danys seriosos a la nostra autoestima, com també frens al nostre potencial de desenvolupament com a persones.

Qui es va inventar allò que l'amor mal entès no té mai límits? Sempre n'ha de tenir. Ens hi va la vida, literalment. Quantes persones emmalalteixen i fins i tot moren d'amor? Quantes malalties de tota mena tenen un origen psicosomàtic, és a dir, trastorns que es generen a causa d'una disfunció emocional com a resultat d'un desengany, d'una mentida, d'un maltractament permanent, d'una manipulació, de no voler veure la situació que ens envolta? Moltes. Massa, potser. Tanmateix, el límit i el remei als mals amors es troba només a la consciència, en el «balanç emocional» per al qual, generalment, no hem estat educats. És més, als ulls de segons quines religions i cultures, en les quals el sacrifici és un dels valors fonamentals —sobretot el sacrifici d'«elles»—, el que toca és *passar per l'adreçador*, malgrat que la dialèctica emocional enfonsi la vida de la persona que pateix el mal amor i dels fills, si n'hi ha.

Un balanç emocional implica capacitat de qüestionament intern i de diàleg permanent amb la nostra parella. No des de la inquisició ni des de l'obsessió, sinó més aviat des de la dignitat, l'obertura, la pregunta amable, la tendresa i el desig del bé comú. Per bé que de vegades també sigui necessària la confrontació amb fermesa per llevar disfresses a realitats incòmodes en les quals, sense adonar-nos-en i per tal d'evitar el dolor, ens acabem amagant i perdent-nos-hi.

Probablement, l'amor madur i conscient combina l'amor propi amb l'amor a altri. Estimar-te a tu no implica anul·lar-me ni destruir-me a mi mateix. El meu amor per tu no justifica el meu abandonament ni el meu sacrifici existencial per molt que l'entorn o la història hagin repetit de manera incansable que així ha de ser. Per això, no hi pot haver el tan necessari balanç emocional sense amor propi, sense respecte cap a un mateix. Estimar és construir una realitat conjunta, basada en la responsabilitat, el respecte, el projecte i la visió de futur compartits, i també en la il·lusió, l'esperança i els anhels que s'han anat trenant. Estimar no és suportar-ho tot al preu del sacrifici de la vida pròpia. Un amor que demani en contraprestació el sacrifici intel·lectual, emocional i àdhuc existencial no és amor, sinó esclavitud disfressada d'exigència romàntica, resignació vestida de pau barata i fins i tot conflicte instal·lat de manera permanent i assumit com l'escenari de la quotidianitat. Tot plegat, contextos ideals per a la depressió, l'abúlia vital i l'abandonament existencial a llarg termini.

Per tant, l'amor no és resignació eterna, vulneració de principis, submissió, desqualificació o engany. Els límits de l'amor són en el nostre amor propi, en la nostra dignitat. Bona part dels trastorns amorosos tenen una arrel anomenada *por*. Por que l'altre marxi; por que em falli; por que no sigui com jo voldria que fos; por que el futur imaginat no esdevingui com jo l'esperava. L'amor, com la llibertat o la felicitat, es caracteritza per l'absència de por, és a dir, per la confiança. Tanmateix, la confiança no admet graus: o se'n té o no se'n té. Dir «confio una mica» equival a dir «no confio gens». I no hi pot haver cap compromís sense confiança, i aquesta, al seu torn, no és possible sense respecte. Tenir ben clar quin és el meu límit i quin és el límit de l'altre és un exercici que només neix de la consciència. Però per assolir aquesta claredat cal tenir maduresa emocional, que ha de ser treballada. Perquè l'amor és un art que demana reflexió, esforç, tenir cura dels detalls, aprenentatge continu, diàleg sincer, projecte compartit, voluntat de sentit i que siguem capaços d'avaluar allò que construïm plegats, el que hi posa un i el que hi posa l'altre. El fet de no «pensar l'amor» ens duu sense remei cap a la inconsciència, la desconnexió de la realitat i que la inèrcia faci esclatar tot d'una allò que no ha estat anomenat ni elaborat quan tocava.

Qualsevol ésser humà té el dret de ser estimat amb dignitat. Aquest és el límit i també l'origen de tota relació que es mereixi ser qualificada d'amorosa. L'amor no és canibalisme físic, afectiu ni intel·lectual. L'amor és compartir; és construir respectant les fronteres que ens separen i que al seu torn també ens uneixen; és la suma de les diferències que ens defineixen, ens atrauen i ens complementen. És acostar-nos de manera lliure i voluntària per donar vida als projectes desitjats des del respecte a les diferències que creen sinergies. És, en definitiva, fer l'amor entre nosaltres no solament amb els nostres cossos, sinó també amb els nostres desitjos, pensaments i projectes, per tal de, junts, fer l'amor a la vida.

Estimar és donar ales, respectant el compromís adquirit i les expectatives forjades entre tots dos. Estimar no és esclavitzar, sotmetre ni dependre, més aviat el contrari: l'amor veritable no és més que el desig inevitable que l'altre sigui qui, en realitat, pot arribar a ser, precisament perquè ens proposem acompanyar-lo, ajudar-lo a superar els seus propis límits, i agraïm que aquell que estimem faci el mateix per nosaltres, si aquest és el desig de tots dos.

Per tot això, paga la pena fer balanç de tant en tant d'aquelles «relacions-pedra» que se'ns han ficat a la sabata de les nostres emocions, i fer-les fora abans no acabin amb la nostra pau interior, el bon humor, l'alegria i el plaer de viure.

## Les pedres materials

> «Hi ha qui compra allò que en realitat no desitja ni necessita només per impressionar gent que no coneix o no li cau bé, amb els diners que no té i ha de demanar que li deixin, amb la qual cosa acumula amb el temps massa "masses", que el porten a hipotecar la seva vida.»
>
> *La brúixola interior*, Àlex Rovira

Confosos, creiem que, si tenim, som. Un altre tipus de pedres que compliquen el nostre caminar per la vida són els deutes i els objectes que pretenen omplir buits anímics, tristeses, forats afectius i depressions. Aquí, s'hi inclou una àmplia gamma d'objectes d'escassa o cap utilitat que anem acumulant als prestatges, els armaris, les bosses o a qualsevol lloc on trobem un raconet, com també totes les compres que neixen d'una abúlia consumista i de la necessitat compulsiva de tenir per sentir-nos vius. Per això és fàcil que se'ns omplin les sabates de còdols cridaners però inútils que es colen a la nostra vida com si res. En aquest cas, a banda de saturar el nostre espai vital, també es veu afectada la nostra salut financera. Per tant, fer una ullada als nostres «càlculs» financers —mai més ben dit—, pot ser summament saludable, atès que la construcció de la Bona Vida implica sobretot saber-se lleuger d'equipatge.

En definitiva, deixar anar, buidar, fer neteja, treure allò que sobra o ens incomoda no només és necessari, sinó que, a més, pot suposar un extraordinari plaer i una acció que generi un canvi significatiu a la nostra vida. No serà sobrer recordar que el plaer és un mecanisme que s'activa quan ens alliberem d'una necessitat, quan deixem de tenir-la. En conseqüència, pot esdevenir un gran plaer treure's la pedra de la sabata que fa nosa.

William Jame, filòsof nord-americà del segle XIX, considerat un dels precursors de la psicologia i pragmàtic convençut, deia: «Ser savi és l'art de saber què cal obviar». Sembla lògic, oi? Però, tanmateix, és necessari que ens aturem per observar tot allò que carreguem a les nostres espatlles o bé que se'ns fica a la sabata, potser sense voler o potser com a conseqüència de les nostres pròpies decisions, per tal de poder caminar lleugers d'equipatge per la nostra Bona Vida amb les sabates de les nostres idees, afectes i accions.

«Vostè podrà tenir sempre tot allò que es pot adquirir amb diners, però restarà condemnat a veure com precisament allò que més li agrada, que és més bonic, que li ve més de gust, no ho pot comprar amb diners. El millor, el més bonic, el més desitjable del món només es pot pagar amb la pròpia ànima, de la mateixa manera que l'amor no pot comprar-se. I si algú té una ànima impura, que no és capaç de fer el bé o si més no de creure en el bé, tampoc no posseirà prou sensibilitat per a les coses més bones i més nobles, i haurà de contemplar-se sempre més amb la imatge empetitida, malmesa, borrosa, del món que els seus pensaments, per a la seva tortura i pobresa, s'han forjat.»

Hermann Hesse

## 5. CREURE PER CREAR

«Som allò en què creiem.»

WAYNE W. DYER

En el capítol anterior dèiem que anar lleugers d'equipatge pel camí de la vida facilita el moviment, l'adaptació, l'experimentació i el canvi. De la mateixa manera que les nostres creences poden fer de fre o poden dificultar la nostra realització personal, també és cert que, a més, en la dimensió contrària, poden fer al seu torn de trampolins o d'ales. Perquè som nosaltres els qui, a partir de les nostres actituds i creences, construïm les nostres realitats. Allò que creiem és allò que creem. Tant si pensem que podem fer front a una situació determinada, com si pensem que no ho podem fer, no ens equivoquem. És més, generalment, no sabem què som capaços de fer fins que no ho provem. Ara bé, per provar-ho, hem de partir de la confiança mínima per tal de fer el primer pas. Hem de creure que podem crear el nostre anhel. Sense això, no hi haurà la mínima intenció necessària que precedeix a qualsevol creació. Per crear, a qualsevol nivell, cal que hi hagi una condició fonamental: creure que podem fer-ho.

I, com ja hem dit abans, entre les actituds necessàries per a la construcció d'una Bona Vida, destaca sobretot la confiança en nosaltres mateixos i l'esperança que podem transformar la nostra realitat. Confiar és una aposta que no admet estats intermedis ni graus. És com un embaràs: o ho estàs o no ho estàs, d'embarassada. Amb la confiança succeeix el mateix: o confiem o no confiem. Dir que confiem una mica és dir que no confiem gens.

No és cap bajanada dir que cada dia hi ha coses que passen perquè, conscientment o inconscientment, responem a allò que les persones del nostre entorn esperen de nosaltres, tant per a les coses bones com per a les dolentes, des de la confiança o des de la desconfiança. Pot tractar-se de les expectatives d'un amic, de la parella, del cap de la feina o fins i tot dels nostres fills. Allò que els altres esperen de nosaltres pot donar lloc a un conjunt d'accions que ens portin a fer moltes més coses de les que som capaços d'imaginar. La confiança dels altres en nosaltres també ens pot donar ales. Aquest principi d'actuació a partir de les creences i les expectatives dels altres es coneix en psicologia com l'efecte Pigmalió. La seva força és tan gran que val la pena que en siguem ben conscients, sobretot si pensem en l'impacte que les nostres creences poden tenir en ells, concretament, en la creació de la seva Bona Vida.

## L'efecte Pigmalió

«El millor regal que podem fer a una altra persona no és només compartir-hi les nostres riqueses, sinó revelar-li les seves pròpies.»

Benjamin Disraeli

Aquest nom tan curiós neix de la llegenda de Pigmalió, antic rei de Xipre i hàbil escultor. Ovidi, a *Les Metamorfosis*, va recrear-ne el mite, i explica que Pigmalió era un escultor apassionat que va viure a l'illa de Creta. Un dia, inspirant-se en la bella Galatea, Pigmalió va modelar una estàtua de marbre tan bonica que se'n va enamorar perdudament, fins al punt de demanar als déus que l'escultura cobrés vida i, així, poder-la estimar com s'estima una dona real. Venus va decidir complaure'l i donar vida a l'estàtua i companya de Pigmalió. L'expectativa carregada de desig, finalment, es va fer realitat.

Com veiem a la llegenda, l'efecte Pigmalió és el procés pel qual les creences i les expectatives d'una persona respecte d'ella mateixa, i també respecte d'una altra persona, afecten de tal manera la seva conducta que aquesta tendeix a confirmar-se. En el terreny de la psicologia, l'economia, la medicina o la sociologia, investigadors diversos han dut a terme experiments molt interessants sobre l'existència i la potència de l'efecte Pigmalió. Potser un dels més coneguts és el que van fer l'any 1968 Robert Rosenthal i Lenore Jacobson sota el títol *Pigmalió a l'aula*. L'estudi va consistir a informar un grup de professors de primària que els seus alumnes havien respost una prova que n'avaluava les capacitats intel·lectuals. Després se'ls va dir quins havien estat els alumnes que havien tret les puntuacions més bones. Se'ls va dir també que era d'esperar que aquests alumnes destacats fossin també els que tinguessin un rendiment més bo al llarg del curs acadèmic. I així fou. En acabar el curs, al cap de vuit mesos, es va confirmar que el rendiment d'aquests «nois especials» va ser molt més bo que el de la resta. Fins aquí no hi ha res de sorprenent. El que és interessant és que, en realitat, mai no es va fer cap prova a l'inici del curs. I els suposats alumnes brillants van ser un vint per cent dels nois escollits completament a l'atzar, sense valorar-ne gens ni mica la capacitat. Què va passar, doncs? Com pot ser que una colla d'alumnes normals fossin els millors dels seus grups respectius al final del curs? Molt senzill. A partir de les observacions fetes durant el procés per Rosenthal i Jacobson, es va constatar que els professors s'havien creat unes expectatives tan altes d'aquests alumnes que van actuar afavorint-ne el compliment. D'alguna manera els mestres es van comportar convertint les seves percepcions sobre cada alumne en una didàctica individualitzada que els va portar a confirmar allò que els havien dit que succeiria.

## El nostre sostre: les nostres expectatives

> «Tracta un ésser humà tal com és, i continuarà sent com és. Tracta'l com pot arribar a ser, i es convertirà en allò que pot arribar a ser.»
>
> Blaise Pascal

Estudis similars s'han produït en els darrers anys i han tendit a confirmar l'existència d'aquest efecte, que, d'altra banda, és de pur sentit comú. Sens dubte, la predisposició a tractar algú d'una manera determinada està condicionada, en menor o major grau, per allò que te n'han explicat.

Un altre cas força cridaner va succeir en una coneguda empresa multinacional fabricant de productes d'alta tecnologia. Els responsables del departament de personal van convocar una persona del servei de neteja, de l'últim esglaó de la jerarquia de l'organització, que ni tan sols no tenia el batxillerat acabat, i li van dir que ella, entre els milers de membres de l'empresa, era qui estava més ben capacitada per, en un termini de dos anys, ocupar un alt càrrec de responsabilitat tècnica i que per fer-ho comptaria amb tots els mitjans i el suport de la multinacional. Sobre les consideracions ètiques d'aquest procediment en podríem parlar molt, però el cas és que aquest individu no només va arribar a desenvolupar les funcions de l'alt càrrec promès en menys temps del previst, sinó que amb els anys va continuar prosperant dins l'organització i va demostrar ser una persona amb un gran carisma a la seva àrea. La profecia es va complir altre cop a una velocitat i amb un èxit extraordinaris, més enllà fins i tot del que els mateixos promotors de l'experiment s'havien imaginat.

En efecte, la perspectiva d'un succés tendeix a facilitar-ne el compliment. I això passa també en molts altres àmbits. En el terreny de la investigació científica o social, l'investigador tendeix tot sovint a confirmar les seves hipòtesis per desgavellades que puguin semblar; sempre hi ha la dada que ho confirma tot. En economia, un cas del compliment de l'efecte Pigmalió a gran escala es va viure durant la crisi econòmica del 1929. Si molta gent està convençuda que el sistema econòmic s'enfonsa, aquest s'acabarà enfonsant. Fins i tot, si parlem de la nostra pròpia salut, l'efecte Pigmalió es manifesta en el conegut «efecte placebo». Així, hi ha qui creu que, prenent un medicament, n'obté l'efecte desitjat, quan en realitat pren una pastilla de midó, neutra, sense principis actius. Per què, doncs, en determinats casos, un caramel innocu ens pot curar? Simplement perquè el metge ens diu que ens curarà. Perquè hi ha algú en qui tenim fe que ens assegura que prendre-ho ens farà bé i perquè desitgem curar-nos.

## Confiança amb ales

«Com que no sabia que era impossible, ho vaig fer.»

Albert Einstein

Si analitzem les biografies dels grans genis de la història, homes i dones, veiem que han fet aportacions cabdals a la Humanitat en terrenys ben diversos, com ara la ciència, l'art, l'esport, el món dels negocis, etc. En molts casos, però, rere el geni hi ha hagut una persona amb una gran esperança dipositada en ell, sense la qual, probablement, la vida del geni hauria estat completament diferent.

I és que Pigmalió té una explicació científica: avui sabem que quan algú confia en nosaltres i ens encomana aquesta confiança, el nostre sistema límbic accelera la velocitat del nostre pensament, incrementa la nostra lucidesa, la nostra energia i, en conseqüència, la nostra atenció, amb la qual cosa som més eficaços i eficients.

Les profecies tendeixen a fer-se realitat quan hi ha un desig fort que les impulsa. De la mateixa manera que la por tendeix a provocar que esdevingui allò que hom tem, la confiança en un mateix, malgrat que sigui encomanada per una tercera persona, pot donar-nos ales i ajudar-nos a construir una vida millor.

### Paraules per a una Bona Vida

«La utopia és a l'horitzó.
M'hi acosto dues passes, ella s'allunya dues passes.
Camino deu passes i l'horitzó se'n va deu passes més enllà.
Per a què serveix la utopia?
Per a això serveix: per caminar.»

Eduardo Galeano

«Tenim tanta por de l'èxit com del fracàs.
La diferència rau en el fet que la por al fracàs és patent, mentre que la por a l'èxit roman oculta i per això mateix pot fer més mal.
Cal que la traiem de l'ombra per abordar-la de cara.»

Carlos González Vallés

## 6. VOLER ÉS PODER?

«Malgrat que res no canviï, si jo canvio, tot canvia.»

HONORÉ DE BALZAC

### «SI HO VOLS, POTS!»

Tot i que de vegades comptem amb la confiança dels qui ens estimen com a combustible emocional per arriscar-nos, crear circumstàncies noves o provocar canvis significatius a les nostres vides, el camí cap a la Bona Vida es construeix des de la solitud de les nostres decisions. «Si vols, pots!», ens diuen aquells que ens aprecien per donar-nos alè davant els reptes de l'adversitat. El suport extern pot ser una ajuda extraordinària, però el camí el fem nosaltres pas a pas amb els nostres peus. Els altres ens poden donar ànims i ens poden influir, ajudar-nos amb la seva confiança i les seves expectatives positives, però el canvi és un procés individual en el qual la responsabilitat i la voluntat han de néixer necessàriament d'un mateix.

«Fa més el que vol qui el qui pot!», és també l'argument que tot sovint es fa servir per explicar com pot ser que algú hagi aconseguit una proesa que semblava impossible ateses les seves facultats, condicions o circumstàncies, àdhuc quan el seu entorn més pròxim, a pesar de donar-li suport amb vehemència, no veia possible que la persona pogués aconseguir l'anhel o el repte que s'havia plantejat. Ara bé, és cert que voler és poder? Realment, fa més el qui vol que el qui pot? Fins a quin punt la voluntat, la perseverança, la fe i el propòsit vencen l'adversitat i les circumstàncies desfavorables?

## Els peus a terra i el cap als núvols

> «Capbussa't enmig de les coses, embruta't les mans, cau de genolls i, després, intenta arribar a les estrelles.»
>
> John L. Curcio

Potser per respondre aquestes qüestions hauríem de conèixer la biografia de totes aquelles dones i tots aquells homes les vides dels quals han generat una aportació positiva a la Humanitat en terrenys ben diversos, com ara la ciència, l'art, l'empresa o qualsevol altra disciplina. En fer-ho, ens trobarem amb una gran majoria de casos en què l'afirmació «voler és poder» se sosté i té sentit. D'exemples, n'hi ha un munt. Persones com Albert Einstein o Thomas Alva Edison de petites van ser considerades amb serioses dificultats per a l'aprenentatge, van ser incompreses i rebutjades per un entorn que després va contemplar, perplex, com els fruits dels seus talents canviaven per sempre més el curs de la història. També investigadors com Alexander Fleming, Louis Pasteur, Miquel Servet, Nicolau Copèrnic i tants d'altres van patir el rebuig més sever per part dels seus coetanis i fins i tot el seu esforç els va costar la vida. Altres com Mahatma Gandhi, Nelson Mandela, Martin Luther King o la mare Teresa de Calcuta han demostrat amb les seves vides que les utopies poden tocar la realitat quan el propòsit i la voluntat són ferms, i els principis marquen una direcció i un sentit ben clars, no sense un gran sofriment, que només la confiança i l'entrega absolutes a una causa que està per sobre d'un mateix són capaces de vèncer.

Des de fa relativament poc temps, la investigació dels factors psicològics de la ment humana ha deixat de centrar-se solament en la malaltia per abordar els aspectes positius i determinar en quina mesura el coratge, la confiança, l'optimisme, la gratitud, la generositat, el perdó, la humilitat, l'entrega o la serenitat són, entre tants altres, poderosos estímuls per a la realització individual i col·lectiva. No fou fins a l'any 2000 que, de manera oficial, diverses facultats de psicologia dels Estats Units, sota l'alè del professor de la Universitat de Pensilvània Martin E. P. Seligman, van formalitzar i desenvolupar la psicologia positiva, que se centra en l'estudi dels trets del caràcter que fan que les persones se sentin a gust amb elles mateixes, desenvolupin el seu potencial i es mantinguin mentalment saludables. Seligman i els seus col·laboradors treballen avui dia per explicar com la part més bona de l'ànima humana pot transformar la realitat individual i col·lectiva.

«Els que diuen que és impossible no haurien de molestar ni interrompre els que ho estan fent», deia Thomas Alva Edison quan algú objectava com n'era, d'*absurd*, inventar la làmpada incandescent, el fonògraf o el telègraf que ell finalment va crear. Com en el seu cas, hi ha una pila d'històries menys conegudes que mostren de manera eloqüent l'enorme potencial de l'ésser humà quan la voluntat i l'entrega defineixen un propòsit vital.

## La força interior

«Quan no podem canviar la situació a què ens enfrontem, el repte consisteix a canviar-nos nosaltres mateixos.»

Viktor Frankl

Aquest és el cas de la Helen Keller. La seva història és un exemple únic de com la força de les actituds permet superar l'adversitat més terrible i construir una vida plena, fora del comú. La Helen va néixer el 27 de juny del 1880 sense cap problema de salut, però als dinou mesos va contraure una malaltia estranya que els metges no van saber diagnosticar amb precisió i que la va deixar cega, sorda i incapaç de parlar. Completament aïllada del món, sense vista, oïda ni parla, als set anys havia inventat més de seixanta senyals diferents que podia fer servir per comunicar-se amb la seva família. El 1887 els seus pares es van posar en contacte amb Alexander Graham Bell, que treballava amb joves sords. Gràcies a Bell, la Helen va ser assignada a la tutela de la professora Anne Sullivan, que llavors només tenia vint anys. Sullivan va exigir i va rebre el permís del pare de la Helen per aïllar la nena de la resta de la família en una petita casa amb un jardí. La primera tasca era disciplinar la que llavors era una criatura consentida, amb un caràcter capriciós, violent i ingovernable. Mitjançant l'exercici de la disciplina i la tendresa, l'Anne va aconseguir ensenyar a la Helen a pensar de manera intel·ligent i a parlar normalment, usant el mètode Tadoma: tocant els llavis dels altres mentre parlaven, sentint-ne les vibracions i lletrejant els caràcters alfabètics a la palma de la mà de la Helen. També va aprendre francès, alemany, grec i llatí amb el mètode Braille.

Quan la Helen tenia vint-i-quatre anys, el 1904, es va graduar *cum laude* al Radcliffe College. Per aconseguir-ho, l'Anne Sullivan va lletrejar totes les paraules de la prova a la palma de la seva mà. Així, la Helen es va convertir en la primera persona amb discapacitat auditiva que es va graduar a la universitat. Amb una tremenda força de voluntat, va esdevenir una oradora i una autora mundialment famosa. Va establir la lluita per les persones discapacitades sensorialment d'arreu del món com a objectiu de la seva vida. El 1915 va fundar la Helen Keller International, una organització sense ànim de lucre per a la prevenció de la ceguesa. La Helen i l'Anne van viatjar a una quarantena de països i van compartir quaranta-nou anys de la seva vida en una activitat incansable en què van conèixer tots els presidents nord-americans des de Grover Cleveland fins a John F. Kennedy. La Helen fou, a més, membre del partit socialista i va fer campanyes i va escriure textos donant el seu suport a les classes treballadores des del 1909 fins al 1921. Va escriure onze llibres i nombrosos articles. El 14 de setembre del 1964, el president nord-americà Lyndon B. Johnson la va guardonar amb la medalla presidencial de la Llibertat, l'honor més gran per a un ciutadà dels Estats Units. Va morir l'1 de juny del 1968 als vuitanta-vuit anys, més de trenta després de la mort de l'Anne Sullivan. «Podem fer el que desitgem si ho intentem amb prou intensitat», repetia tot sovint a les seves xerrades i ho deia amb coneixement de causa. Va deixar escrit un llibre sobre l'optimisme en el qual va declarar que «cap pessimista no ha descobert mai el secret de les estrelles, ni ha navegat per mars desconeguts, ni ha obert cap porta nova a l'esperit humà».

Veient casos com el de la Helen o el de tants altres éssers humans anònims que dia rere dia es mantenen ferms en el propòsit de ser més bones persones, millors professionals o ciutadans més responsables, hom constata que potser el veritable *poder* que neix del *voler* no rau en les aparences, l'ostentació ni la superficialitat, i que no és cap qüestió de simple força física, enginy, riquesa o intel·ligència. Hi ha quelcom més important que té a veure amb la *força interior*. El veritable poder sorgeix del més profund de l'ànima de cada ésser humà. És la força que ens ajuda a afrontar els reptes, alçar-nos de terra després d'haver caigut una i mil vegades, lluitar per una causa justa o necessària, no perdre mai l'esperança, perseverar, fer una lectura constructiva de tot el que ens succeeix, saber que allò que anomenem «jo» és en realitat un «nosaltres» i actuar en conseqüència, celebrar i agrair cada moment de la vida, posar al mal temps bona cara, treballar amb el cor a la mà per un futur millor per a tothom, avançar sense por, lliurar-se a cadascun dels reptes de la vida amb coratge, responsabilitat, humilitat i confiança... En definitiva, potser l'autèntic *poder* és el que neix de desenvolupar la capacitat de canviar la realitat individual i col·lectiva gràcies a la força de les nostres actituds.

### Paraules per a una Bona Vida

«El rei va rebre com a obsequi dues cries de falcó i les va donar al mestre de falconeria perquè les entrenés. Al cap d'uns mesos, l'instructor va comunicar al rei que un dels ocells estava totalment ensinistrat però que a l'altre li succeïa alguna cosa estranya: no s'havia mogut de la branca des del dia de la seva arribada a palau, fins al punt que calia portar-li l'aliment fins allí. El rei va fer buscar remeiers i guaridors de tota mena, però no n'hi va haver cap que aconseguís fer volar el falcó. Llavors va encarregar la missió a membres de la cort, però no se'n van sortir. Per la finestra de la seva cambra, el monarca veia l'au immòbil a la branca. Finalment, va publicar un edicte entre els súbdits i, l'endemà al matí, va veure el falcó volant pels jardins.

—Porteu-me l'autor d'aquest miracle —va dir.

De seguida li van presentar un camperol.

—Tu has fet volar el falcó? Com ho has fet? Que potser ets un mag?

Entre feliç i espantat, l'home li va respondre:

—No ha estat gens difícil, sa Majestat, només he tallat la branca on sempre es posa. L'ocell ha vist que tenia ales i, simplement, ha volat.»

## 7. L'ALQUÍMIA DEL CORATGE

Deia Vincent van Gogh: «Què seria de la vida si no tinguéssim el valor d'intentar coses noves?». Ell sabia prou bé de què parlava. El seu estil, clarament diferent del dels seus col·legues, va generar la perplexitat, el rebuig i la incomprensió dels seus coetanis. Tanmateix, al cap dels anys, la bellesa de la seva obra commou milions de persones d'arreu del món. Li deien «el boig del cabell roig». Malgrat tot, s'hi va arriscar.

En el món empresarial, Thomas Alva Edison repetia tot sovint que en els milers d'intents fallits que havia de fer per crear un dels seus prototipus, mai no perdia l'ànim, perquè cada error que deixava enrere era un nou pas cap endavant. Edison i el seu equip van crear mil noranta-tres patents, xifra ara com ara no superada per ningú. Gràcies a ell i els seus col·laboradors avui dia tenim un nivell de confort a la nostra vida que seria impensable si no hagués estat per la seva feina. De petit, els mestres i els companys d'escola creien que era un boig, que no estava bé del cap. Malgrat tot, s'hi va arriscar.

En el camp de l'atletisme, Dick Fosbury va revolucionar la tècnica del salt d'altura en crear el que avui es coneix com a «salt Fosbury», que consisteix a córrer en diagonal cap a la barra, després corbar-se i saltar d'esquena. Fosbury va trencar amb les tècniques tradicionals de salt en tisores o de rodet ventral. El més curiós és que ell no era pas l'atleta més alt ni més fort ni el més ràpid. Però sí que era un esportista insatisfet amb les tècniques habituals, de manera que va començar a experimentar el seu nou estil als setze anys. Quan era estudiant de la Universitat Estatal d'Oregon va guanyar el títol de l'Associació Atlètica Nacional de Col·legis dels Estats Units (NCAA) i es va classificar per a les Olimpíades. En els Jocs Olímpics de Mèxic del 1968, al cim de les seva carrera esportiva, va guanyar la medalla d'or i va fixar un nou rècord olímpic en 2,24 metres, amb la qual cosa va demostrar el potencial de la nova tècnica, que dispară els registres quan altres atletes la van incorporar a partir del 1990. El seleccionador nacional li va dir que era boig, que saltant d'esquena s'acabaria matant. Malgrat tot, Fosbury s'hi va arriscar... i va guanyar.

És curiós —i alhora trist— que la definició que fa el diccionari de la veu *risc* només esmenti la possibilitat de pèrdua o fracàs, però no el compliment de l'anhel, la realització o l'èxit que vénen precedits de l'acte d'arriscar-se. Segons el text acadèmic, el risc és contingència o proximitat d'un dany, o bé estar exposat a perdre's, entre altres desgràcies. És a dir, se'ns presenta el risc com una possibilitat de perdre allò que tenim o de no assolir el que desitgem. Si realment això fos així, qui s'arriscaria? Si la por a perdre ens paralitzés, sortiríem perdent perquè no gosaríem innovar, invertir, apostar, jugar-nos-la per crear noves circumstàncies que milloressin el nostre entorn i el de la gent que és a la vora.

## El risc és no arriscar-se

«Qui no té valentia troba sempre una filosofia que el justifica.»

Albert Camus

Sovint sentim a dir que els valents, els que s'arrisquen, els que se la juguen i aposten per una vida diferent, per crear noves circumstàncies la construcció de les quals es preveu difícil, o fins i tot impossible, són una colla de bojos. Tanmateix, potser el coratge no tingui res a veure amb la bogeria. Probablement, el coratge més que la manca de por és la consciència que hi ha alguna cosa per la qual val la pena arriscar-se.

El coratge és força al servei de l'amor i la consciència. El coratge ens mou perquè creiem que allò que volem fer, canviar, construir té algun sentit. En té tant, de sentit, que ens pot portar a afrontar les nostres pors, a plantar cara als dracs interns i externs, i a escometre un viatge del qual tornarem completament transformats, bé perquè haurem aconseguit encarnar el nostre anhel o bé perquè rere la derrota aparent haurem après quelcom nou que ens portarà a veure la vida amb uns altres ulls, els altres i també nosaltres mateixos. Sigui com sigui, haurem crescut en el viatge interior, si som capaços de fer alquímia del dolor i de no deixar-nos embogir per l'èxit o la realització, si hem assolit els nostres propòsits.

Els nostres anhels i el nostre coratge van sempre de bracet. L'anhel ens invita a créixer i el coratge ens fa créixer. El primer és la llavor, la potència, la idea; el segon és l'acció, la transformació, la realitat. I en aquest ball, el desenvolupament espiritual i real que ens proporciona el coratge alimenta els nostres anhels en un cargol de fum cada vegada menys dens i més subtil. La dansa dels nostres anhels i el nostre coratge transforma la nostra vida i la de la gent del nostre entorn. És el sòl damunt del qual es construeix la Bona Vida. És aquesta dansa tan peculiar la que fa que les utopies del passat esdevinguin realitats avui, i que les utopies d'avui potser siguin les realitats de demà.

## L'amor és coratge

> «No hi ha cap ésser humà, per covard que sigui, que no pugui convertir-se en heroi per amor.»
>
> Plató

Què no faríem per l'amor vertader? Fins a on seríem capaços d'arribar per evitar el sofriment de l'ésser estimat? Aquí apareix el coratge. Plató deia que no hi ha cap persona, per més covarda que sigui, que no pugui convertir-se en un heroi per amor. I precisament el coratge resideix en aquesta capacitat de fer actes inimaginables quan la vida ens posa en situacions límit. Perquè, en realitat, el coratge no és la manca de por, sinó la consciència que hi ha alguna cosa per la qual val la pena arriscar-se. El coratge ens permet mobilitzar energies, sentiments, emocions i visions per tal d'arribar molt més enllà de la nostra imaginació i transcendir els nostres propis límits.

Quan reflexiono sobre el poder del coratge, acostumo a recordar una anècdota que una vegada em va explicar el lúcid escriptor argentí Enrique Mariscal sobre el gran violinista Itzahak Perlman quan va oferir un concert al Lincoln Center de Nova York. El mestre Perlman és un home amb força dificultats físiques per desplaçar-se perquè de petit va patir una poliomielitis que li va causar seqüeles per a tota la vida. Fins i tot, avui dia, la feina d'arribar dalt de l'escenari li suposa un gran esforç i ha de tocar el violí assegut. Aquell dia i davant d'una gran multitud de persones, deleroses d'escoltar-ne el virtuosisme, es va desplaçar amb visibles molèsties fins al seu lloc dalt de l'escenari i va arribar molt cansat a la seva cadira davant una platea expectant plena de gom a gom. Va asseure's amb molt de compte, va deixar a una banda les seves crosses i va descordar els aparells que subjectaven les seves cames a la cintura. Llavors va agafar el violí amb les mans, el va atansar a la barbeta i just quan el director d'orquestra va indicar-li que comencés a tocar, va succeir una cosa inesperada i fatal: una de les cordes del violí va trencar-se.

El públic va sentir l'espetec i va suposar que immediatament s'interrompria el concert per reparar la corda malmesa. Però, per sorpresa de tot l'auditori, Perlman va decidir que no fos així. Els assistents al concert es van commoure quan aquest va indicar al director que continués. Llavors, el gran violinista va tancar els ulls i va continuar tocant com si estigués en les millors condicions instrumentals i anímiques, amb una entrega i un compromís totals amb la música i l'auditori.

Cal recordar que tècnicament no és possible interpretar una obra simfònica només amb les tres cordes d'un violí, i que això només ho pot fer un geni amb el mestratge i el coratge de Perlman, que va fer veure com si no se n'assabentés, i inspirat i entregat a la seva feina, va crear espontàniament noves harmonies que van donar una insòlita bellesa i un nou valor a la seva interpretació.

Quan va acabar de tocar, per un moment el públic va restar en silenci, profundament commogut, perplex. Un primer aplaudiment va trencar l'encant i ràpidament s'hi va afegir tota la sala en una ovació. Tot l'auditori dret es va omplir d'aplaudiments, xiulets i víctors que manifestaven l'entusiasme d'aquells centenars de persones emocionades que volien expressar el seu reconeixement i admiració pel mestre. Llavors —s'explica—, Perlman va treure un mocador d'una de les butxaques de la seva jaqueta, es va netejar la suor que li cobria el rostre i, amb un gest de profunda gratitud, es va inclinar cap endavant per després alçar l'arc i calmar l'eufòria de la gent. Després d'uns segons en què el silenci va tornar a apoderar-se de la sala, i davant l'expectació de tothom, el virtuós els va mirar i els va dir, pensatiu i reverent: «Saben què passa? Hi ha moments en els quals la feina de l'artista és saber què pot fer amb el que li queda».

I aquesta, la qüestió que Perlman va traslladar al seu auditori, és potser la que hauríem de traslladar nosaltres a les nostres vides: Què podem fer amb el que tenim, amb el que ens queda, si partim de la base que sempre ens pot faltar alguna cosa, que sempre hi haurà quelcom que es podrà millorar, que tot sovint haurem d'interpretar les nostres peces a la vida amb una corda de menys...? És en aquesta capacitat de lliurar-nos a la vida amb el que tenim ara, incomplets i delerosos de felicitat i realització, quan sorgirà el veritable coratge que ens portarà a plantejar-nos: *Què podem fer amb el que ens queda*?

Perlman va continuar la interpretació per respecte, amb coratge i *per amor*, com deia Plató. Va tenir en compte que el públic havia pagat força diners per veure'l actuar i no volia ni podia decebre'l. I és que, probablement, no hi pot haver veritable coratge sense amor.

## La manca de coratge crea la dificultat

> «No és que no fem les coses perquè siguin difícils, més aviat les fem difícils perquè no gosem fer-les.»
>
> Luci Sèneca

Les accions que sorgeixen del coratge ens col·loquen per sobre de les nostres possibilitats i modelen la nostra vida. Curiosament, Elisabeth Kübler-Ross, considerada l'autoritat principal en el tema de l'acompanyament de malalts terminals, diu que si es demana a una persona que és a punt de morir què tornaria a fer si visqués, la resposta gairebé en tots els casos és aquesta: «M'arriscaria més». En tornar a demanar el perquè d'aquesta resposta, els arguments que rebia la doctora es caracteritzaven per l'estil següent de reflexió: «Perquè allò que volia fer i no vaig fer per por, o perquè allò que volia dir i no vaig dir per pudor o temor, o perquè aquella expressió d'afecte que vaig reprimir per un sentit del ridícul excessiu, ara com ara em semblen una nimietat absoluta davant el fet de morir-me. La mort és una cosa que jo no decideixo, m'hi veig empès. I ara veig que totes aquelles circumstàncies que abans em semblaven un repte terrible eren una poca-soltada comparada amb el fet que em moro sense remei». És sens dubte una resposta carregada de sentit comú, si tenim en compte que la vida és una gran oportunitat d'arriscar-nos per aprendre, créixer, compartir i estimar.

Potser allò que ens sembla tan difícil no n'és tant, de difícil, si ens arrisquem i pensem que gràcies al coratge que neix de l'amor podem superar molts reptes i dificultats, com ho va fer el mestre Perlman. I si no ho aconseguim? Doncs, com a mínim, haurem après alguna cosa durant el procés i potser se'ns obriran altres portes de manera inesperada al llarg del camí cap a la Bona Vida.

### Paraules per a una Bona Vida

«Què passaria si comencéssim a córrer alguns riscos, si ens enfrontéssim a les nostres pors? I què, si anéssim una mica més lluny, si perseguíssim els nostres somnis, si obeíssim els nostres desitjos? Què passaria si ens permetéssim experimentar lliurement l'amor i trobar satisfacció a les nostres relacions? Quina mena de món seria aquest? Un món sense por. Potser costa de creure, però la vida té moltes més coses que es poden experimentar.

»Moltes més coses serien possibles si deixéssim de ser captius de la por.

»Hi ha un món nou dins i fora de nosaltres —un món en el qual no hi ha tanta por—, que espera ser descobert.

»Tanmateix, és fàcil experimentar temor on no hi ha cap perill.

»Aquesta mena de por és fictícia, irreal.

Pot semblar real, però no té base a la realitat, i tot i així, ens manté desperts a la nit i ens impedeix viure. Sembla que no té cap propòsit ni clemència, ens paralitza i debilita l'esperit quan la deixem actuar. Aquesta mena de por es basa en el passat i desencadena temor pel futur. Però aquesta por inventada, de fet, serveix a un propòsit: ens dóna l'oportunitat d'aprendre a escollir l'amor. És un crit de la nostra ànima que demana créixer, curar-se. Són oportunitats per escollir un altre cop i de manera diferent, per triar l'amor per sobre de la por, la realitat per sobre del miratge, el present per sobre del passat. Per als propòsits d'aquest capítol i per a la nostra felicitat, quan ens referim a la por, parlem d'aquestes pors fictícies que resten valor a la nostra vida.

»Si aprenem a fer camí a través de les nostres pors, si som capaços d'aprofitar totes les oportunitats possibles, podem viure la vida que només havíem gosat somiar. Podem viure lliures de judicis, sense témer la censura dels altres, sense restriccions.

»Les nostres pors no eviten la mort, sinó que frenen la vida. Difícilment arribem a reconèixer fins a quin punt dediquem la vida a manejar la por i els seus efectes. La por és una ombra que ho tapa tot: el nostre amor, els nostres sentiments de debò, la nostra felicitat, nosaltres mateixos.»

*Lliçons de vida*, Elisabeth Kübler-Ross

# 8. LA RESPONSABILITAT PRÀCTICA

«La llibertat suposa responsabilitat. Per això la major part dels homes li tenen tanta por.»

GEORGE BERNARD SHAW

## LA VIDA, UNA LLIÇÓ PERMANENT

Més que no pas el resultat del nostre passat, podem ser la conseqüència de les nostres decisions en el present, cada moment. La vida, la nostra vida, es crea a través de les respostes que donem al conjunt de circumstàncies que ens toca viure. Tant si ho fem conscientment com si ho fem de manera inconscient, la vida és una lliçó permanent. Tanmateix, com més alt és el nivell de consciència, més hàbil és la resposta i, per tant, també és de més qualitat ella mateixa, el procés i el resultat final. La consciència d'escollir, l'habilitat per oferir respostes a la vida sempre que ens ho demana, és la «responsahabilitat». Aquesta destresa per respondre determina en bona mesura no només el desenllaç de les *peripècies* quotidianes, sinó l'esdevenidor, el nostre futur, el nostre destí.

A més, la responsabilitat ens ofereix un gran do: el de no resignar-nos, el de no caure en el «victimisme» i pensar que no podem fer-hi res. L'exercici de la responsabilitat com a hàbit implica pensar i sentir, cada moment, quina és la resposta que ens demana la vida, sobretot quan les situacions són complexes, hi ha problemes o es presenta una crisi. Potser no hi ha una actitud més necessària per construir una Bona Vida que la responsabilitat. Què podem fer, llavors, per canviar el món, el nostre món, aquí i ara, i fer-lo més habitable, més bonic, més solidari, més ecològic, més pròsper en tots els sentits? Ser responsables, simplement.

## La responsabilitat és acció i transformació

> «Com que no puc governar els esdeveniments, em governo a mi mateix.»
>
> Michel de Montaigne

La responsabilitat té un poder enorme de transformació de l'existència, ja que gràcies a ella podem demanar-nos en quina mesura hem estat, conscientment o inconscientment, generadors d'una disfunció, d'una dificultat, d'una crisi o d'un problema. Si no som responsables i la nostra vida no funciona, sempre assenyalarem algú altre com a responsable d'allò dolent o negatiu que ens succeeix. La pregunta intel·ligent és demanar-nos, quan alguna cosa no va bé, en quina mesura nosaltres hi contribuïm, ja sigui de manera activa o passiva.

Només si canvio jo, puc canviar la realitat del meu entorn. Malgrat que res no canviï, si jo canvio, tot pot canviar. Si hi ha alguna cosa comuna, evident entre totes les persones que aconsegueixen, amb paciència i perseverança, canviar les seves circumstàncies vitals cap a on elles volen, és que se saben responsables de les seves accions, sobretot davant l'adversitat. Si aquesta es presenta a les seves relacions humanes o a la feina, es demanen en quina mesura han estat responsables de la situació, n'identifiquen les circumstàncies que l'han generat i actuen en conseqüència per resoldre-les. En general es mostren poc proclius a culpabilitzar els altres. Altrament, assumeixen la seva contribució al problema, l'error o el revés que es presenta a les seves vides.

A més, la persona responsable no viu l'error com un fracàs. Ans al contrari, per a ella és una oportunitat de canvi i millora, com també una font d'aprenentatge. Un exemple pot il·lustrar aquest principi. Tornem a la història de Thomas Alva Edison. Se sap que va fer més de mil assajos abans no va crear la primera làmpada incandescent. Un dia, un dels seus col·laboradors li va dir: «Senyor, disculpi el que ara li diré, però... no se sent un fracassat després d'haver fet més d'un miler d'assajos i no haver aconseguit encara res?». Llavors, Edison li va respondre, aliè a qualsevol vanitat: «De cap manera! Precisament ara ja sé més de mil maneres de com no s'ha de construir una bombeta». Al cap de poc temps, l'inventor culminava la seva creació amb un gran èxit.

## Pur sentit comú

«El sentit comú és el menys comú dels sentits.»

Dita popular

La Bona Vida es construeix en dos pols: per una banda, hi ha la feina per encarnar l'anhel, l'esforç que persegueix un ideal, un propòsit; per l'altra, i de manera molt especial, fer-ho des de la gestió de la nimietat, de la quotidianitat, d'allò a què normalment no donem cap importància però que és essencial. Ser responsables implica cuidar el nostre entorn dia rere dia, aplicant-hi el sentit comú, una cosa que s'està convertint, amb el pas del temps, en un element d'un alt valor per la seva mancança aclaparadora.

No fa pas gaire, un bon amic meu em va enviar un correu electrònic ben divertit, en el qual s'incloïa adjunt el text següent:

Si l'ha obert, tanqui'l.
Si l'ha encès, apagui'l.
Si ha embrutat, netegi.
Si ha desordenat, ordeni.
Si li han deixat, torni-ho.
Si va prometre, compleixi-ho.
Si no ho sap, no opini.
Si va opinar, faci-se'n càrrec.
Si ha de fer servir alguna cosa que no li pertany, demani permís.
Si desconeix com funciona una cosa, no la toqui.
Si ho va trencar, repari-ho.

Si no ho sap arranjar, busqui algú que sàpiga fer-ho.
Si no sap fer-ho millor, no critiqui.
Si no pot ajudar, no molesti.
Si va ofendre algú, demani-li disculpes.
Si no sap què dir, calli.
Si no és assumpte seu, no s'hi fiqui.
Si no és seu, torni-ho.
Si és gratis, no ho deixi córrer.
Si li va bé, tracti-ho amb tendresa.
Si no pot fer allò que vol, intenti d'estimar el que fa.
Si li molesta a vostè, no permeti que afecti els altres.
Si pot ser amable, sigui-ho. Sempre es pot ser amable.
Si pot ser responsable, sigui-ho. Sempre es pot ser responsable.
Si pot ser agraït, sigui-ho. Sempre es pot ser agraït.
En definitiva, si pot fer-ho i és bo, faci-ho.

Em va semblar un bonic cant a la responsabilitat i el sentit comú. Sens dubte, si apliquéssim aquests principis cada dia, tothom gaudiria d'una Bona Vida. Simple, obvi, però poderós, molt poderós, talment la responsabilitat.

## Paraules per a una Bona Vida

«El que realment necessitem és un canvi radical de la nostra actitud davant la vida. Ho hem d'aprendre tots sols i després ensenyar-ho als altres, als desesperats. Hem de dir-los que, en realitat, no importa que nosaltres no esperem res de la vida, sinó que és la vida la que espera quelcom de nosaltres. Hem de deixar de fer-nos preguntes sobre el significat de la vida, i en comptes d'això, cal que pensem en nosaltres com a éssers a qui la vida els inquireix de manera contínua i incessant. La nostra resposta ha de ser feta no de paraules ni tampoc de meditació, sinó d'una conducta i una actuació correctes. En darrera instància, viure significa assumir la responsabilitat de trobar la resposta correcta als problemes que se'ns plantegen i complir les tasques que la vida assigna contínuament a cada individu.»

*L'home a la recerca de sentit,*
VIKTOR FRANKL

## 9. PROPÒSIT I SENTIT

«Perquè pugui sorgir el possible, cal intentar una vegada i una altra l'impossible.»

HERMANN HESSE

### L'ATZAR I LA RESPONSABILITAT

La Bona Vida es construeix en un diàleg entre l'atzar i la nostra responsabilitat. Tal com va escriure Arthur Schopenhauer, «l'atzar reparteix les cartes, però nosaltres les juguem». Assumir que tot depèn de l'atzar és resignar-se, rendir-se, deixar a zero la nostra capacitat de gestionar o redefinir la vida. En l'altre extrem, pensar que podem fer tot el que volem, que tenim tot el poder per crear la realitat a la nostra mesura, no només és una fantasia d'omnipotència molt perillosa per al nostre entorn, sinó que més aviat és un obscur deliri narcisista.

El verí és a la dosi. Si ens resignem perquè pensem que no podem fer-hi res i que el destí està escrit, llavors la partida de la vida serà dolorosa i de ben segur força avorrida. En l'altre extrem, si caiem en un deliri d'omnipotència, les bufetades que rebrem seran de tal magnitud i, d'altra banda, tan necessàries, que o bé embogirem o bé caurem en una depressió que, potser, ens tornarà al sentit de la realitat.

Entre un extrem i l'altre hi ha la capacitat d'anar desenvolupant la lucidesa necessària per saber on podem arribar, xino-xano, treballant i esforçant-nos per aprendre i fer créixer les nostres capacitats de comprendre, estimar i actuar. Potser l'important és no deixar mai de fer-se preguntes i sembrar, cada dia, llavors de possibilitats, crear noves circumstàncies, preparar-nos per a quan floreixi l'oportunitat que ens obri les portes cap a una nova realitat desitjada i esperada durant molt de temps, per a la qual ens hem anat preparant. La bona sort potser és, simplement, la combinació de la preparació i l'oportunitat. La primera depèn de nosaltres; la segona, no tant, per bé que amb la pràctica..., qui ho sap?

## Per què s'ha de viure

> «Tu ets el que és el teu desig profund, que t'empeny. Tal com és el teu desig és la teva voluntat. Tal com és la teva voluntat són els teus actes. Tal com són els teus actes és el teu destí.»
>
> Brihadaranyaka Upanishad

A la preparació per al joc de la vida, el propòsit, entès com la voluntat i l'entrega perquè un anhel es faci realitat, hi té un paper essencial. Ara bé, definir què és un propòsit existencial no és gens fàcil. *Per què vivim?* seria la pregunta que ens hauríem de fer per esbrinar quin és el nostre propòsit a la vida. Potser ningú millor per respondre-la que el doctor Viktor Frankl en el seu llibre *L'home a la recerca de sentit*. Aquesta obra va marcar un abans i un després a l'anàlisi existencial de l'ésser humà i la psicoteràpia, i ha rebut el reconeixement de milions de lectors després de la seva primera edició el 1946.

Viktor Frankl era doctor en medicina. Va néixer a Viena el 26 de març del 1905 i va sobreviure a l'experiència de quatre camps de concentració nazis, entre ells el d'Auschwitz des del 1942 fins al 1945. Els seus pares, la seva dona i els familiars més propers van morir durant l'Holocaust. A causa d'aquestes terribles experiències i a la seva pròpia alquímia interior, Frankl va desenvolupar una aproximació revolucionària a la psicoteràpia, coneguda com a «logoteràpia» o teràpia basada en el sentit. Tots els seus llibres, més d'una trentena, han estat traduïts a vint-i-sis idiomes i va ser reconegut amb vint-i-nou doctorats *honoris causa* per diverses universitats d'arreu del món. Frankl va fer classes a la Universitat de Viena de manera regular fins als 85 anys, i va morir el 3 de setembre del 1997.

Aquest autor, que va viure la destrucció total del seu entorn i l'extermini dels éssers més estimats, que va patir fam, fred, les pitjors brutalitats imaginables i que tantes vegades va ser a tocar de la mort, va acceptar que la vida era digna de ser viscuda. La seva obra és revolucionària precisament perquè se submergeix en l'essència del patiment humà dut al límit, així com en els mecanismes psicològics que ens porten a manifestar el millor i el pitjor de la nostra espècie. Malgrat les circumstàncies que van forjar la seva obra, la seva aportació es caracteritza per un missatge extraordinàriament positiu sobre la nostra capacitat per superar les adversitats i construir una vida amb sentit no només per a nosaltres mateixos, sinó també per als altres.

Enfront del discurs pessimista, la indolència, la mandra o la mirada cínica i resignada, l'experiència i el missatge de Viktor

Frankl són avui més necessaris que mai. En darrer terme, repeteix Frankl en el decurs de la seva obra, «viure significa assumir la responsabilitat de trobar la resposta correcta als problemes que el fet de viure planteja i acomplir les tasques que la vida assigna contínuament a cada individu».

## L'última de les llibertats humanes

Per aconseguir-ho, una de les aportacions més importants de Frankl neix d'un enunciat tan senzill, tan essencial, que fins i tot sorprèn: «L'última de les llibertats humanes, la llibertat essencial, aquella que ningú no ens pot prendre, és la d'escollir la nostra actitud, siguin quines siguin les circumstàncies de l'entorn, per més difícils, doloroses o complexes que siguin». I, en efecte, les experiències de la vida en un camp de concentració mostren que l'home té aquesta capacitat d'elecció. Els exemples que el doctor Frankl aporta a la seva obra són abundants i proven que és possible vèncer des de l'apatia fins a la ira. L'autor assenyala que gent que va ser a camps de concentració va observar com alguns homes anaven de barraca en barraca consolant els altres, donant-los l'últim tros de pa que els quedava. Potser eren pocs en nombre, però oferien prou proves que a l'home se li pot arrabassar tot tret d'aquesta última voluntat, la d'escollir l'actitud per decidir el camí propi. I és precisament aquesta llibertat que no ens pot ser arrabassada la que fa que la vida tingui sentit i propòsit.

Per tant, si aquesta llibertat existeix, fins i tot davant el dolor i la mort, l'ésser humà no està totalment condicionat i determinat, sinó que ell és qui determina si ha de lliurar-se a les situacions o enfrontar-s'hi. Altrament dit, l'ésser humà, en darrer terme, es determina a ell mateix, no es limita a existir i prou, sinó que sempre decideix quina serà la seva existència i què serà el minut següent, argumenta Frankl.

I és que el sofriment és un aspecte de la vida que no pot eradicar-se, com tampoc no pot apartar-se la mort. Sense ells, la vida no seria completa, no seria real; esdevindria una ficció. Tot sovint, és precisament una situació externa excepcionalment difícil la que dóna a l'ésser humà l'oportunitat de créixer més enllà d'ell mateix. Tanmateix, cal demanar-se: «Què és el que ens manté ferms davant l'adversitat, davant la dificultat o davant allò que aparentment és impossible de superar?». La resposta de Viktor Frankl és contudent: «En essència, la salvació de l'home és a l'amor i a través de l'amor». En un dels fragments més colpidors del seu llibre *L'home a la recerca de sentit*, Frankl escriu: «Vaig comprendre com l'home, desposseït de tot en aquest món, encara pot conèixer la felicitat —per bé que sigui momentàniament— si contempla l'ésser estimat. Quan l'home es troba en una situació de desolació total, sense poder expressar-se per mitjà d'una acció positiva, quan el seu únic objectiu és limitar-se a suportar els sofriments correctament —amb dignitat— aquest home pot, tanmateix, realitzar-se en l'amorosa contemplació de la imatge de l'ésser estimat». I aquesta contemplació no només es converteix en l'oxigen anímic que li pot aportar un bri de felicitat immers en un entorn terrible, sinó que, de fet, es tracta de la palanca per a l'esperança necessària que ens permet continuar vivint.

Per tant, l'amor a un ésser estimat o fins i tot l'amor a una feina que hem de dur a terme —amor i creativitat, en definitiva— són els pilars sobre els quals es construeixen l'esperança i el sentit de la vida. Són unes respostes molt boniques a la pregunta «Per què hem de viure?». Per això, deia Frankl, «qui té per què viure trobarà gairebé sempre la manera de fer-ho...». Però, per assolir-ho, sostenia, «cal ser capaços de transcendir els estrets límits de l'existència centrada en un mateix i creure que un pot fer una contribució important a la vida; si no ara, en el futur». Aquesta sensació és necessària si una persona vol estar satisfeta amb ella mateixa i amb el que fa. Per això, qualsevol bon propòsit ha d'anar acompanyat d'una reflexió sobre l'impacte positiu a la Bona Vida dels altres, ja que només així podem parlar de sentit, d'acompliment i de realització.

## Paraules per a una Bona Vida

«Gaudeix d'aquest dia perquè és la vida. La mateixa vida de la vida. En el seu curs breu hi haurà totes les realitats i les veritats de l'existència: la joia del creixement, l'esplendor de la creació, la glòria del poder. Perquè ahir és només un somni i demà una visió. Però l'avui, ben viscut, fa de l'ahir un somni de felicitat, i de cada matí, una visió d'esperança.»

Paramahansa Yogananda

«Un arquer volia caçar la Lluna. Nit rere nit, sense descans, llançava les seves fletxes cap a l'astre. Els veïns van començar a riure-se'n. Immutable, va continuar llançant les seves fletxes. Mai no va arribar a la Lluna, però va esdevenir el millor arquer del món.»

Alejandro Jodorowsky

## 10. LA HUMILITAT PRÒSPERA

«El secret de la saviesa, el poder i el coneixement és la humilitat.»

Ernest Hemingway

### La humilitat és igual a Bona Vida

La humilitat té un enorme poder de transformació de l'existència. Quan és autèntica i sincera, commou des de la senzillesa. Ja a la seva etimologia ens remet a allò que és essencial, a la terra. Perquè la paraula *humilitat* procedeix del llatí *humilis*, i aquesta al seu torn, d'*humus*, és a dir, allò de què la natura es desprèn i que, alhora, l'enriqueix, la fertilitza i la fa créixer. La humilitat és l'adob necessari de la Bona Vida.

La humilitat ens parla de la necessitat d'alliberar-nos del que és accessori i de desenvolupar el que és essencial. Ens convida a adonar-nos que precisament són les nostres limitacions les que ens fan humans i que gràcies a elles podem prendre consciència de tot el que ens queda per fer i per créixer. Per això, l'expressió sincera de la humilitat no és cap signe d'ingenuïtat o debilitat, més aviat tot el contrari, ho és de la lucidesa i de la força interior.

Lluny de ser fràgil, la humilitat ens mostra la grandesa de la persona que la manifesta, precisament perquè neix del sentiment de la pròpia insuficiència. Sempre hi ha alguna cosa per aprendre i algú de qui aprendre, sempre és possible fer-ho més bé, sempre podem qüestionar-nos el valor i el sentit del que fem a la vida personal i professional, i des d'aquí afrontar nous reptes, desenvolupar noves habilitats, aprendre noves lliçons o construir nous ponts. Per això, la humilitat va de bracet de la consciència i té un poder enorme de revelació. Des d'ella, les perspectives de pensament i d'actuació són infinites, atès que neixen del sentit comú, del dubte raonable, de la nuesa que reconeix que encara resta molta feina per fer, sempre, per encarnar la qualitat en totes les seves dimensions: en un mateix, en la relació amb els altres, en els nostres actes o creacions, en la vida.

Per sort, la riquesa que genera la humilitat no queda reclosa dins la droga de l'èxit, que tanta addicció genera i que és com un pou sense fons. Tampoc no és com la pastanaga que es manté a distància constant de l'ase, que estira del carro fins que mor, rebentat d'esgotament, mogut per una quimera. No, la humilitat té molt més a veure amb l'acompliment que amb l'èxit; amb el fet de complir el deure, amb allò que s'ha promès, amb allò que hom ha acordat, amb fer bé la feina, el que cal fer, el que és necessari fer. D'altra banda, l'humil no es vanaglorieja ni es distreu amb els seus èxits, sinó que continua treballant i gaudint amb la seva feina, com no podria ser de cap altra manera, perquè sap que l'èxit no és un fi en ell mateix, sinó un símptoma al qual no convé parar gaire atenció, perquè no només distreu, sinó que atabala i fins i tot pot generar una greu i aguda idiotesa i abstracció que es manifesten com a conseqüència de l'adulació col·lectiva.

Tampoc no hem de confondre la humilitat amb la falsa modèstia, que no deixa de ser una vanitat summament hipòcrita. Precisament la humilitat és el contrari de la vanitat. Mentre que aquesta ens cega, ens allunya de la realitat i ens separa dels altres, la humilitat ens la revela, la realitat, i ens hi posa en contacte, com també amb el que és essencial i autèntic, tot plegat coses que podem trobar tant a fora com a dins de nosaltres mateixos.

## El valor del que és essencial

> «Cal que siguem tan humils com la pols per poder-nos meravellar davant la vida.»
>
> Mahatma Gandhi

La humilitat es manifesta en les petites coses, en els detalls, en els codis de comunicació gens aparatosos, sinó senzills i bàsics, però d'un valor enorme per a qui els rep. Així, aquests detalls humils esdevenen els regals més valuosos perquè són autèntics. En el decurs del temps, són aquests obsequis els que recordem amb la perspectiva que ens proporciona la vida. Sabem que aquests i només aquests regals són els que resten, perquè són a la memòria, més enllà de la matèria, i res ni ningú no ens els pot prendre.

Avui dia, gairebé tot és al nostre abast, ja sigui en efectiu o en còmodes terminis de pagament. Oblidem el valor del que és essencial, del que no es compra amb diners, del que és humil en la seva essència i no quantificable, d'allò que de vegades arriba a ser infinit. Són aquests obsequis senzills tan fàcils de donar o de connectar-hi els que donen sal a l'existència, els que ens ajuden a prendre consciència de com de bona i de bella pot arribar a ser la vida, malgrat tot.

D'exemples, n'hi ha una pila...

- ❑ Saber escoltar; brindar a algú la nostra receptivitat silenciosa, fent callar la nostra pròpia necessitat de parlar; obrint-nos a la necessitat de l'altre de ser entès, acompanyat, respectat. Aquests són, sens dubte, gestos d'humilitat que fertilitzen i enriqueixen les relacions humanes.
- ❑ També el gest amable, amb un simple somriure sincer, ens porta a la complicitat, al joc, al bon humor, millorant així qualsevol trobada, fins al punt de poder canviar el signe d'una conversa o d'una relació un pèl agre.
- ❑ Saber callar, no molestar, no fer nosa són regals humils i molt valuosos. Com també deixar l'altre tot sol quan aquest és el seu desig. Alliberar-lo del consell que no vol, de l'ajuda que no ha demanat o de la companyia que en aquest moment li fa nosa (i que de vegades ens costa tant d'entendre perquè suposa aplicar-nos a nosaltres la mateixa recepta i atendre aquest silenci o aquesta soledat tan temuts avui dia). Respectar la necessitat de soledat de l'altre és un gran regal que neix de la humilitat, sobretot actualment, en què diversos dels béns més importants escassegen, com ara el silenci i la tranquil·litat.
- ❑ El valuós contacte amb la natura de la manera que ens vingui de gust i sigui al nostre abast. Gaudir de la brisa del mar, passejar per la sorra o per l'herba, assaborir l'olor de la terra o l'aire fresc, reconfortar-se en la calor del sol, les brases de la llar de foc, la bellesa de les flors, la presència dels arbres, la contemplació del paisatge...
- ❑ La gratitud és també un regal preciós que neix de la humilitat i del reconeixement de l'altra gent. Amb ella creixen les

dues parts d'un intercanvi amable. Que poc costa agrair i com d'agraïda és la virtut!

- ❑ I què podem dir de les carícies, de la tendresa? Elles són, en essència, pura humilitat, atès que neixen de la pell, de la nuesa, i ens remeten a l'essència de les coses. En elles, ens retrobem i expressem allò que els mots no arriben a copsar.

La llista dels *regals humils*, amb un valor i un poder enormes, és inacabable. Són pertot arreu, són econòmics i adoben qualsevol relació, és a dir, són pròspers perquè alimenten l'essència, l'Ésser, tant de qui els fa com de qui els rep. No necessiten cap objecte material d'intercanvi i només depenen de la nostra disposició envers l'altre, fins i tot envers nosaltres mateixos. Per això, val la pena posar-los en pràctica, perquè, a més, són molt saludables: estimulen la imaginació, la confiança, el respecte, el compromís i l'alegria entre molts altres *actius intangibles*. Són elements essencials de la Bona Vida, perquè en ells resideix bona part de la seva qualitat i de les nostres relacions.

### Paraules per a una Bona Vida

«Benaurats els que saben riure's d'ells mateixos, perquè mai no acabaran de divertir-se.

»Benaurats els que saben distingir una muntanya d'una pedra, perquè s'evitaran molts inconvenients.

»Benaurats els que saben descansar i dormir sense buscar excuses; arribaran a ser savis.

»Benaurats els que saben escoltar i callar; cada dia aprendran una cosa nova.

»Benaurats els que són prou intel·ligents per no prendre's

seriosament a ells mateixos; seran valorats pels seus veïns.
»Benaurats els que estan atents a les urgències dels altres, sense sentir-se indispensables; seran una font permanent d'alegria.
»Benaurats els que sàpiguen interpretar amb benevolència les actituds dels altres, fins i tot les aparences; seran presos per ingenus, però és el preu just de la caritat.
»Benaurats els que sàpiguen mirar seriosament les coses petites i tranquil·lament les coses importants; arribaran lluny en aquesta vida.
»Benaurats els que sàpiguen valorar un somriure i oblidar un desdeny; el seu camí romandrà ple de sol.»

THOMAS MORE

## 11. LA GRATITUD AMABLE

> «Quan beguis aigua, recorda la font.»
>
> PROVERBI XINÈS

Dèiem en el capítol anterior que la gratitud és un regal molt valuós que neix de la humilitat i que totes dues ens obren les portes de la Bona Vida. La gratitud és amable, és a dir, convida a estimar. Tant per a qui l'expressa com per a qui la rep, la gratitud obre la porta a compartir, a reconèixer, a celebrar el valor del que s'ha viscut i la presència de l'altre.

Agrair és reconèixer i integrar. En la gratitud es genera un moviment doble. D'una banda, reconeixem l'altre, ens hi acostem, en un gest sempre intern i de vegades extern, manifest. Com la paraula indica, en reconèixer-lo amablement, el tornem a conèixer i hi accedim en una dimensió de la relació que ens uneix. D'altra banda, quan la nostra gratitud és espontània i sincera, prenem allò que ens és donat i ho portem al nostre interior. L'objecte de la gratitud, des d'aquest moment, passa a formar part de nosaltres mateixos.

La gratitud neix de la consciència i, en ella, la memòria hi fa un paper essencial. Per això, el neci és desagraït, perquè és incapaç de reconèixer el valor que procedeix de l'altre. Perquè la vanitat no vol saber-ne res, de la gratitud. El vanitós, el narcisista i l'egoista són ingrats. Com a molt, la seva gratitud és interessada, l'expressen perquè n'esperen favors més grans. Perquè aquell que està tancat en la seva pròpia autosuficiència i en les cuirasses inconscients dels seus complexos no té memòria, no vol tenir-la; per tant, no vol reconèixer. No perquè no li agradi rebre, sinó perquè la gratitud implica manifestar el favor de l'altre, cosa que no encaixa en la seva equació existencial.

En l'extrem oposat, l'ésser humà lúcid es pot sentir aclaparat, commogut, per tot el que rep. Així experimenta la gratitud per la vida, per la salut, per l'existència de l'ésser estimat, pel llibre que li obre els ulls, pel paisatge que el commou o el record que li dóna sentit. Però també sent gratitud per les coses petites que són els grans plaers: la conversa amena, el gest amable, la mirada còmplice, la carícia gairebé imperceptible però desitjada...

## Gratitud i lucidesa

> «La gratitud, com algunes flors, no es fa a gran altura i reverdeix millor a la terra bona dels humils.»
>
> José Martí

No hi pot haver gratitud sense humilitat. Agraïm les coses valuoses del nostre entorn abans de perdre-les? Som conscients de tot el que hauríem d'agrair? És ben curiós el mecanisme que tenim els humans que ens fa valorar les coses just en el moment que sabem que les hem de perdre o que ja les hem perdut. Amb la salut ho tenim clar. Quan no en tenim, la valorem com un dels béns més preuats, però quan ens sentim bé, molt poques vegades agraïm al nostre cos la seva companyia imprescindible.

«La gratitud és també l'alegria de la memòria o l'amor a allò que va ser», com diria Epicur. No hi ha ni el lament ni la frustració, sinó el gaudi del record. I André Comte-Sponville afegeix en el seu lúcid i necessari *Diccionari filosòfic*: «La gratitud és el record agraït del que ha succeït». Amb gratitud no hi ha lloc per a la nostàlgia. El passat té sentit fins i tot davant la pèrdua d'allò tan valuós que la mort —final inevitable— sempre s'acaba emportant. Per això, la gratitud culmina tots els processos de dol; altrament, és l'element alquímic essencial que ens empeny endavant per superar la pèrdua. Rere el dolor tan intens que ni les paraules poden esmentar, quan perdem l'ésser estimat, rere la negació i la revolta davant la mort inevitable, només ens resta el bàlsam del record dolç. Quan, en el dolor, s'hi obre una petita escletxa de record que fa emergir el somriure i l'alegria, llavors la gratitud sorgeix de manera espontània per dir-nos que la cicatriu segueix sent-hi, però que la ferida ja s'ha tancat.

## La gratitud: salut i plaer

> «Tot el nostre malestar per allò que no tenim procedeix de la nostra manca de gratitud pel que tenim.»
>
> Daniel Defoe

Avui sabem que la gent agraïda és menys propensa a la depressió i té una salut més bona. Curiosament, també podem mesurar des d'un punt de vista científic que qui és amable i agraït se'l considera més atractiu. Potser és només una cosa de sentit comú el fet de pensar que les persones amables són més agradables físicament que els individus esquerps, malcarats, arrogants o antipàtics. Des de la gratitud que emergeix de la humilitat i la confiança, sabem que els vells que es mostren oberts a la relació i la conversa amable amb altres persones tenen menys probabilitats de contraure la malaltia d'Alzheimer, i que els nens que reben més amor i atenció es converteixen en joves més intel·ligents i saludables. Perquè, tal com escriu Piero Ferrucci en el seu llibre de lectura imprescindible *El poder de la bondat*, aquestes actituds i conductes, que constitueixen aspectes diversos de la bondat —i la gratitud n'és una— ens aproximen a allò que estem destinats a fer i a ser. És ben senzill: si ens relacionem millor amb la gent, ens sentim més bé i fem més agradable el trànsit per l'existència. En aquest sentit, el lúcid Oscar Wilde va escriure: «Potser l'únic egoisme justificable, l'egoisme veritablement intel·ligent, consisteix a procurar que els altres es trobin bé. Així, nosaltres també estarem una mica millor».

Per tant, la gratitud és també un plaer. *Per què negar-nos-hi?* Si al gaudi del favor rebut, del regal obtingut, del gest amable... hi afegim la nostra gratitud, sumarem al plaer del primer el plaer del reconeixement a qui ens ha fet el bé. A més, *què serà de l'amistat sense la gratitud?* Se'ns presenta difícil per no dir impossible. L'existència i la presència de l'amic es viuen com un dels regals més grans que un pot rebre en aquesta vida. Perquè agrair és donar, és iniciar amb l'altre el viatge de l'existència, i en aquest viatge, la gratitud fa créixer tothom.

Per tant, la invitació és simple: hem de prendre consciència de tot el que hi ha en el nostre entorn que és objecte susceptible de la nostra gratitud. Hem de permetre que aquesta es manifesti, que s'expressi. Fer-ho és sembrar llavors de consciència, d'amistat, de trobada i, evidentment, de Bona Vida.

## Paraules per a una Bona Vida

«Els miracles són com les pedres: són per tot arreu oferint la seva bellesa i gairebé ningú no els dóna cap valor. Vivim en una realitat on abunden els prodigis, però aquests només els veuen els que han desenvolupat la capacitat de percebre'ls. Sense aquesta sensibilitat tot esdevé banal, l'esdeveniment meravellós rep el nom de casualitat, s'avança pel món sense la clau de la gratitud. Quan una cosa extraordinària succeeix, es veu com un fenomen natural, del qual, com a paràsits, podem usufructuar sense donar res a canvi. Tanmateix, el miracle demana un intercanvi: allò que m'has donat he de fer-ho fructificar per als altres. Si no s'està unit no es capta el portent. Els miracles ningú no els fa ni els provoca, es descobreixen. Quan aquell que creia que era cec es treu les ulleres fosques, veu la llum. Aquesta foscor és la presó racional.»

*La dansa de la realitat,*
Alejandro Jodorowsky

## 12. LA FRAGILITAT REVELADORA

«Els éssers humans no neixen per sempre el dia que les seves mares donen a llum, sinó que la vida els obliga a parir-se a ells mateixos una vegada i una altra.»

GABRIEL GARCÍA MÁRQUEZ

### EL CANVI NECESSARI

*Crisi* significa (en grec clàssic): «ruptura, desordre, flamants oportunitats de canvi». També en diversos idiomes orientals, l'ideograma que es fa servir per expressar el concepte de *crisi* és exactament el mateix que el que s'utilitza per expressar el concepte d'*oportunitat*. Allò que en un moment de la vida es presenta com un revés, potser és una porta oberta a un canvi necessari, una oportunitat desitjada o, fins i tot, directament, una benedicció. El fet contrari també pot succeir: un aparent cop de sort es pot convertir en un malson de gestió complexa i difícil superació.

*Bona sort? Dissort? Qui ho sap?*, així resa un bonic conte de tradició oriental. Allò que d'entrada pot semblar una benedicció, amb el temps es pot convertir en un malson, i, a l'inrevés, allò que de primer moment ens sembla un gran desastre, pot esdevenir un dels regals més importants de la nostra vida. Les lectures a curt termini i la crispació no són bones conselleres, mentre que la perspectiva i la temperància ens poden ajudar a posar les coses al seu lloc i propiciar renaixements a la nostra pròpia vida, els quals, gràcies a l'adob i la humilitat que ens ha deixat la crisi, potser ens portaran a llocs que mai no haguéssim pogut imaginar.

Ara bé, el desenvolupament espiritual que neix del que podríem anomenar l'*efecte bufetada* no es produeix com a resultat de la ingenuïtat, de la mandra ni de l'estupidesa. Cal que després de la crisi, reflexionem, fem rodar el cap, pensem internament, ens demanem i tractem de trobar quin missatge ens ofereix la vida en aquesta situació. I, per tal d'incorporar el do que pot haver sorgit, és fonamental que ens posem a treballar amb el que hem après.

## Crisi = oportunitat?

> «Els nostres moments de més lucidesa solen produir-se quan ens sentim profundament incòmodes, infeliços o insatisfets. En aquests moments, empesos per la nostra insatisfacció, sortim del camí trillat i comencem a explorar maneres diferents de fer les coses, o bé respostes més adequades.»
>
> M. Scott Peck

Un vell mestre que vaig tenir la sort de conèixer qüestionava sempre els seus alumnes quan aquests es queixaven que una situació difícil s'havia presentat a les seves vides: «Si d'aquesta situació poguessis aprendre alguna cosa útil, positiva, que et fes créixer com a persona, què seria?». Aquesta és la pregunta. I tothom pot trobar-hi una pila de respostes. De la mateixa manera que no hi ha dia sense nit, vida sense mort, llum sense foscor, tampoc no hi ha crisi ni dolor sense un possible aprenentatge, dificultat sense oportunitat.

Perquè, de vegades, la vida es despulla de sobte, els decorats desapareixen, la sala on som els espectadors queda completament buida. Tot d'una els plans que havíem fet s'esborren i un munt de falses preocupacions s'obliden. Això passa en aquelles situacions límit que ens recorden com n'és de fràgil, la vida, la primesa de la nostra existència, la radical impotència davant el greu accident que acaba de succeir, la mort o el suïcidi inesperat que s'acaba d'endur algú quan no tocava (o ningú no ho esperava) o davant la malaltia que posa de cop i volta contra la paret i amb poques opcions de supervivència l'ésser estimat.

Sona el telèfon i, de sobte —abans de tenir temps de dir res—, abans de rebre cap resposta, t'arriba la sensació que hi ha alguna cosa que no funciona. Fins i tot, pots arribar a notar el nus a la gola de qui és a l'altra banda de l'aparell. Vius aquest silenci fred, inquietant, carregat de tristesa i angoixa, de la persona que t'ha de donar la notícia i no sap com fer-ho ni per on començar. La trucada anuncia la mort d'un ésser estimat, d'un amic, d'un conegut o d'algú a qui fa poc va conèixer, que era al teu costat. Sigui quin sigui el missatge, si és una mala notícia, i té com a denominador comú que la vida acaba de trencar-se o és a punt de fer-ho en algun lloc, és un trencament que no estava previst en el guió de cadascú.

Llavors, el silenci esdevé l'amo de la situació. Al desconcert abismal, a una perplexitat que sembla néixer d'un malson terrible del qual no podem despertar, li segueix la negació de la realitat. Ens diem a nosaltres mateixos: «No, això no pot haver passat, no pot ser real». Aquestes bufetades poden enfonsar-nos o bé despertar-nos. En aquest moment, cauen pel seu propi pes moltes preocupacions estúpides, falses angoixes, quimeres absurdes. Llavors descobrim com n'és, d'important, aprofitar tots els moments per tenir cura de les persones que estimem, cuidar de la seva salut, mostrar-los afecte, conrear-ne la tendresa, donar-los suport constructivament. I, de manera molt especial, és en aquests moments quan descobrim com n'és, de transcendental, llençar la brossa de les coses accessòries, anar lleugers d'equipatge, per viure definitivament en pau. Molts esclavatges s'esvaeixen davant la nuesa a la qual ens sotmet la mort propera, inesperada o la seva amenaça.

No és resignació. Tampoc no és abandonament. La puntada de peu rebuda ens pot despertar de cop i volta. Potser sigui una sobredosi de sentit comú per contacte amb la realitat, amb el més cru, amb el primari. Llavors, l'existència cobra un valor extraordinari, radical, lluminós, total. La realitat es despulla i tenim una oportunitat excel·lent per valorar el vessant sagrat de la vida. Em refereixo a allò que li confereix sentit: els bons amics, la gent a la qual estimem i per la qual ens sentim estimats, els projectes que valen la pena. La bona gent i les bones causes. Això és tot.

## La consciència de la fragilitat

Un bon amic em repeteix sovint una frase molt lúcida: «La consciència és una mutació letal!». Una expressió exemplar per il·lustrar el tema del qual estem parlant. En aquests casos, la pell es torna molt i molt fina, i la capa freàtica de les emocions s'eleva com a conseqüència de la pressió de la situació. Sentim més, veiem més, escoltem més, vivim més, en definitiva. De sobte, cadascú es posa en el seu lloc, i se'ns aclareixen moltes idees sobre nosaltres mateixos, la gent i la vida. L'efecte pot ser durador i és clar que, segons quins casos, sortim de la UVI o de l'enterrament veient les coses d'una altra manera, ben diferent, i deixem de preocupar-nos per bajanades, coses que abans fins i tot podien arribar a turmentar-nos.

La consciència de la nostra fragilitat és molt poderosa perquè pot portar-nos de cop i volta a la lucidesa, despullada de misticismes i vanitats; una lucidesa amb la qual podem prendre consciència del valor dels altres, del valor de la vida, del valor de la terra i de com n'és, d'important, mantenir-se units i expressar el nostre afecte quan les coses no van bé. La fragilitat ens revela allò que realment importa, allò que, finalment, fa que la vida pagui la pena de viure-la.

### Paraules per a una Bona Vida

«És llei de vida que cada vegada que se'ns tanca una porta se'ns n'obre una altra. El problema és que sovint mirem amb massa insistència cap al passat i enyorem la porta tancada amb tant d'afany que no veiem la que se'ns acaba d'obrir.»

Albert Schweitzer

«La fe que no hi ha cap esdeveniment feliç o desgraciat al qual no puguem donar un sentit, redreçant-lo, m'ha acompanyat sempre i em segueix acompanyant, i no estic disposat a renunciar-hi, ni per a mi ni per als altres.»

Hermann Hesse

## 13. LA TENDRESA NECESSÀRIA

«Res no és petit en l'amor. Aquells que esperen les grans ocasions per provar-hi la seva tendresa no saben estimar.»

LAURE CONAN

Si hi ha quelcom que dóna bellesa i sentit a la vida, i fa que aquesta sigui bona, és, sens dubte, la tendresa, ja que ella és l'expressió més serena, bella i ferma de l'amor. En el respecte, el reconeixement i l'estimació expressada en el gest, en el detall subtil, en el regal inesperat, en la mirada còmplice o en l'abraçada sincera, gràcies a la tendresa, les relacions afectives creen arrels de vincle, de respecte, de consideració i de veritable amor. Si no hi ha tendresa, difícilment prosperarà la relació de parella. Però, a més, és gràcies a la tendresa que els nostres fills reben un suport emocional fonamental per al seu desenvolupament en el futur.

Sembla que els records que més ens acompanyen en els darrers moments de la nostra vida no tenen res a veure amb els instants de triomf o d'èxit, de pompa o circumstància, sinó més aviat amb les experiències on el que passa és la trobada intensa amb l'ésser estimat, un moment d'intimitat serena carregada de significat: paraules de gratitud, carícies, mirades, un adéu, un retrobament, un agraïment, un perdó, un t'estimo. Compensació, sentiment compartit, intimitat viscuda des de la serenitat despullada. Són aquests moments els que queden gravats a la memòria gràcies a la llum de la tendresa que revela l'excel·lència de l'ésser humà i l'afecte.

## La tendresa: un acte de coratge

> «Tant en l'art com en l'amor, és la tendresa allò que dóna la força.»
>
> Oscar Wilde

Mahatma Gandhi deia que un covard és incapaç de mostrar amor, ja que fer-ho està reservat als més valents. I així és: paradoxalment, la tendresa no és tova, sinó forta, ferma i audaç, perquè es mostra sense barreres, sense por. És més, no només pot llegir-se com un acte de coratge, sinó també de voluntat per mantenir i reforçar el vincle desitjat d'una relació que es projecta en el futur, gràcies al desig i la imaginació creadora. La tendresa és, en realitat, el que dóna fortalesa a l'amor i encén la guspira de l'alegria davant l'adversitat, el revés o les circumstàncies grises i obscures de l'existència. Gràcies a ella, qualsevol relació esdevé més intensa i duradora, perquè la seva expressió no és res més que un símptoma del desig que l'altre estigui bé.

La tendresa implica, per tant, confiança i seguretat en un mateix. Sense ella, és impossible lliurar-se als altres d'una manera decidida. I el que crida més l'atenció és que la seva expressió no és ostentosa, sinó que es manifesta en petits detalls: l'escolta atenta, respectuosa i activa, el gest amable que no espera cap resposta, la demostració sincera de l'interès per l'altre, allunyada de qualsevol expectativa de contrapartida.

La tendresa expressa, a més, la qualitat d'una relació. El sexe amb tendresa és l'expressió de l'amor. Sense tendresa, una relació basada exclusivament en la sexualitat està condemnada a la ruptura més tard o més d'hora. Perquè, malgrat que hi pot haver intensitat sensorial en l'intercanvi físic, sense tendresa es produeix una relació que no cerca el bé de l'altre, sinó que es clou en la recerca del plaer propi i fa de l'altra persona un objecte de satisfacció i res més. L'assagista francès Joseph Joubert deia que la tendresa és el repòs de la passió. Ben cert, la passió de l'enamorament és efímera i dóna pas, amb el temps, a una relació més reposada en la qual s'instal·la la tendresa. Sense ella, la relació de parella està condemnada a llarg termini al fracàs, perquè la manca d'afecte i estimació genera avorriment, rutina, mandra, apatia, distanciament, abandonament, deixadesa i egoisme.

## Tendresa i salut

> «El que dónes, t'ho dónes. El que no dónes, t'ho treus.»
>
> Alejandro Jodorowsky

En un estudi en el qual es va interrogar deu mil persones sobre la seva salut i circumstàncies vitals, es va arribar a la conclusió que l'indicador més fiable del risc de patir una angina de pit era la resposta a la pregunta: «La seva parella, li demostra que l'estima?». Contestar que «sí» es relacionava estadísticament amb no haver tingut cap angina de pit, mentre que els que responien que «no» havien patit trastorns de cor en un percentatge molt superior a la mitjana.

Ara bé, no solament pateix qui no rep carícies, sinó també el que no les expressa. En una investigació realitzada a la Universitat de Stanford, dirigida per James Gross, es va arribar a la conclusió que suprimir l'expressió de les emocions comporta uns costos psicològics molt alts, com també socials i de salut. Segons aquesta investigació, les persones que no solen manifestar les seves emocions són més infelices i se senten més aïllades. És més, aparentment la supressió de l'expressió d'aquestes emocions no redueix i fins i tot pot augmentar la intensitat de les emocions negatives, com ara un disgust, l'ansietat, la tristesa i la vergonya. Per això, la gent que acostuma a suprimir l'expressió dels seus sentiments, generalment manifesta més experiències negatives i menys de positives. A més, el fet de no expressar les emocions genera estrès psicològic, tant a qui en suprimeix l'expressió com a la persona amb qui interacciona (en els estudis aquests individus van mostrar un augment significatiu de la pressió sanguínia). D'altra banda, la supressió de l'expressió de les emocions s'associa amb una baixa immunitat fisiològica.

## Un punt de suport

«No hi ha més mort que l'absència d'amor.»

René Barjavel

La tendresa troba també un espai per desenvolupar el seu valor extraordinari en els moments de sofriment, tristesa, abatiment, dolor, desesperació, desgràcia o adversitat. La mà que acarona o acompanya, la presència ferma i solidària davant un acte d'injustícia, la trucada o el missatge en el qual unes quantes paraules es converteixen en un fonament, són tots ells actes eloqüents de tendresa.

Expressar l'afecte, saber escoltar l'altre, fer-se càrrec de les seves preocupacions i els seus problemes, comprendre'l, acaronar-lo, saber conrear el detall, acompanyar-lo, ser-hi físicament i anímicament en el moment oportú... són actes d'entrega generosa i espontània, carregats de valor i significat, creadors de moments de Bona Vida. I és que en l'amor, res no és petit. Esperar les grans ocasions per expressar la nostra tendresa vers algú ens porta a perdre les millors oportunitats que ens ofereix el dia a dia per fer saber a l'ésser estimat com n'és d'important per a nosaltres la seva existència, la seva presència i la seva companyonia. És en el petit gest carregat de sentiment on es manifesta la tendresa. Ja ho va dir, ara fa més de dos mil anys, el poeta llatí Publi Virgili Maró: «L'amor tot ho venç». I és cert. Si és possible, més encara a través de la tendresa.

«Gent.

»Hi ha gent que només de pronunciar un mot
encén una il·lusió i els rosers;
que només de somriure entre els ulls,
ens convida a viatjar per altres indrets,
ens fa recórrer tota la màgia.
Hi ha gent que només d'encaixar la mà
trenca la soledat, para la taula,
serveix el menjar, col·loca les garlandes,
que només d'agafar una guitarra
fa una simfonia d'anar per casa.
Hi ha gent que només d'obrir la boca
arriba a tots els límits de l'ànima,
alimenta una flor, inventa somnis,
fa cantar el vi a les tenalles
i roman, després, com si res.
I un se'n va de company amb la vida
desterrant una mort solitària
perquè sap que a la propera cantonada
hi haurà gent que és així, tan necessària.»

Hamlet Lima Quintana

## 14. SOM PELL

Ja som gairebé al final del nostre viatge, on hem vist els elements que ens ajuden a construir una Bona Vida. Tanmateix, ara ens cal aterrar en la matèria, en allò que ens fa sentir i és al seu torn la nostra frontera natural amb el món exterior: els nostres sentits, i sobretot el mantell amb què sentim físicament la vida, és a dir, la pell. Abans parlàvem de la importància de la tendresa per a la nostra salut mental, emocional i física. Si ens acostem una mica més al nostre cos, la Bona Vida es construeix també des de l'actitud de la cura i l'amor cap a l'altra gent, que es manifesta amb el gest senzill de les carícies. Perquè acariciar i ser acariciats no només és un plaer, és també una necessitat per al nostre benestar, equilibri emocional i desenvolupament personal. Les carícies són un llenguatge ric i sofisticat. Un extraordinari codi de comunicació, tan eloqüent o més que les paraules, ja que ens permeten apropar-nos a l'altre i créixer com a éssers humans en l'expressió de l'amor.

Hi ha carícies que consolen i n'hi ha que encoratgen. Altres alleugen, algunes reconeixen, n'hi ha que estimulen el desig. Hi ha carícies vestides de passió i n'hi ha amb gust d'amistat i tendresa. Les carícies expressen un rang amplíssim de significats: gratitud, compassió, esperança, reconciliació, complicitat, perdó. Perquè neixen tant de l'instint més arcaic, que cerca el contacte amb els altres per saber-se protegit, com de l'expressió de la consciència més elevada i de lliurament a l'altre.

Justament perquè en la carícia conviuen trets animals i humans, ens recorda que som pell, matèria, com també ens obre la porta a moments de transcendència. Potser per això Paul Valéry deia que allò que tenim de més profund és la pell: el record de les moixaines i els amanyacs de la mare; les abraçades del pare; els petons i les carícies de l'ésser estimat; el tacte de la pell dels nostres fills, tot plegat forma part de la memòria més valuosa que ens acompanya. També la carícia que ens ofereix la natura: el tacte de la terra, de l'escorça d'un arbre, dels peus sobre l'herba, de l'aigua, del pèl d'un cadell en acaronar-lo, de les petjades a la sorra..., qualsevol d'aquests contactes ens relaxa, ens desperta la pau interior i els sentiments d'alegria, perquè ens remeten al que és essencial.

## Carícies per viure

William Faulkner, a la seva novel·la *Les palmeres salvatges*, fa dir a un dels personatges: «Si hagués d'escollir entre el dolor i el no-res, escolliria el dolor». Potser la sensació de no saber-se estimat, de no tenir res, de viure en un buit emocional, intel·lectual i sensorial, és molt pitjor que el dolor, el qual, en certa manera, ens recorda que som vius.

Poques vegades ens aturem a pensar que la vida és un intercanvi que es produeix a molts nivells, a través de gestos positius o negatius que rebem de l'altra gent, ja sigui en forma de carícies, mirades, moviments del cos, esbroncades, crits o silencis. Tots ells modelen el nostre paisatge interior i, conseqüentment, la nostra manera d'entendre'ns, de construir una imatge del món i de donar sentit a la vida.

Ja fa més de vint anys, Claude Steiner, a partir de llargues converses clíniques que va mantenir mentre feia psicoteràpia, juntament amb el llegat que li va deixar el seu mestre, Eric Berne, va construir una teoria força interessant a la qual va anomenar l'*economia de les carícies*. Sota aquest concepte tan suggeridor, Steiner i molts altres científics han investigat els efectes que sobre l'ésser humà té el fet de créixer i viure envoltat —o no— de signes de reconeixement, els quals, per fer-ne un resum, anomenarem *carícies*.

És obvi que no solament vivim de pa, ni tampoc d'aire ni d'aigua. Per sobreviure, per créixer, necessitem l'afecte, la tendresa, la carícia, l'esguard, la paraula, el gest, el contacte amb la gent. Som éssers socials per naturalesa. Ja des de la fragilitat de les primeres hores de vida, ens manifestem com l'espècie animal que té més necessitat que algú la protegeixi, en tingui cura i li proporcioni afecte. Fins i tot, hi ha qui sosté que tenim una necessitat innata per a l'amor, per a la unió. Avui, les evidències científiques aportades en el decurs del segle passat pels doctors Henry Dwight Banning, René Spitz, John Bowlby i altres ens mostren que no solament necessitem les carícies dels altres, sinó que sense elles ens trobem malament, fins a l'extrem d'arribar a emmalaltir i fins i tot morir.

Aquests especialistes han demostrat a través de les seves investigacions que la manca de carícies —enteses en un sentit ampli, més enllà del gest o del frec de pell amb pell— pot provocar en el nounat un endarreriment en el desenvolupament psicològic i una degeneració física tan greu que el dugui a la mort, malgrat tenir l'aliment i la higiene que, en teoria, n'assegura la supervivència. La fam d'estímuls té tanta influència en la supervivència de l'organisme humà com la fam d'aliments. Quan un ésser humà no rep la quantitat mínima adequada per a la seva supervivència, entra en un procés de malaltia i acaba morint, i això pot passar a qualsevol edat.

Sens dubte, hi ha una correlació positiva entre la tendresa, l'atenció i l'afecte amb el desenvolupament psicològic, emocional, intel·lectual i físic de la persona. Naixem homes i dones, però esdevenim humans gràcies a les carícies, l'estímul amable, la tendresa, la compassió i la gratitud, com també al límit necessari que ens posa en contacte amb la realitat i que s'administra des de la disciplina que cerca el bé comú.

## L'amor és la gran medecina

«L'amor tot ho venç.»

Publi Virgili Maró

Leo Buscaglia, en el seu preciós llibre *Amor. Ser persona* afirma: «A pesar que el nen no coneix ni comprèn la dinàmica subtil de l'amor, sent des de ben menut una gran necessitat d'estimar, i la manca d'amor pot afectar-ne el creixement i el desenvolupament, i fins i tot provocar-li la mort». També avui sabem que la falta d'amor és la causa principal d'una bona colla de malalties psicològiques que no deixen d'augmentar a l'Occident: des de l'angoixa, passant per la depressió, fins a la neurosi i fins i tot la psicosi neixen, en major o menor mesura, d'aquesta carència. Sense el tracte amable, no se satisfà la necessitat fonamental que ens permet continuar sentint-nos bé, experimentar l'alegria, desenvolupar-nos: sense amor és més difícil créixer.

Però si anem més enllà, les idees que Claude Steiner posa de manifest en el seu llibre *Los guiones que vivimos* apunten a direccions molt interessants: «Les carícies són imprescindibles per sobreviure», conclou aquest especialista. Si no les rebem, s'engega un mecanisme de supervivència instintiu que ens porta a demanar-les —sovint de manera inconscient— a qualsevol preu. Sota aquesta premissa, estem disposats fins i tot a rebre *carícies negatives* abans de no rebre'n cap, o parafrasejant novament Faulkner, preferim el dolor al no-res, la bufetada a la ignorància, la pena al buit, el menyspreu a la indiferència, el crit a l'apatia. És a partir d'aquest mecanisme que es poden comprendre determinats comportaments humans, que van des del masoquisme fins a la rebel·lió gratuïta. A tall d'exemple, el nen que es revolta reiteradament i sense cap motiu «objectiu» aparent, potser allò que cerca amb desesperació és l'atenció d'uns pares absents. Potser el petit, amb la seva conducta agressiva, rebel, transgressora, el que fa és demanar de manera exasperada l'atenció dels seus pares, per tal que aquests li marquin els límits, o encara més, estiguin pendents d'ell de veritat.

Quan la carícia és positiva, sincera i desitjada, transforma. En el joc amorós i en la luxúria desfermada ens transporta al moviment, l'ardor, l'entrellaçament, el clímax i la relaxació feliç. En la tendresa, ens commou i ens emociona. En l'amistat, l'abraçada ens uneix i ens fa còmplices. Fins i tot la pau i la bona voluntat es manifesten en el retrobament de dues mans que s'enllacen fermament en el tacte de la carícia. També en el dolor i durant el dol, la moixaina i l'abraçada de l'ésser estimat fan més suportable la pèrdua perquè apuntalen l'ànima ferida.

A més, les carícies obren la porta a la consciència del nostre cos. Coneixem els matisos i l'espectre infinit de sensacions que poden despertar les carícies de l'ésser estimat? Coneixem en detall la pell de la nostra parella, de l'ésser estimat o desitjat amb qui ens submergim en contacte íntim? Més aviat, no. En general, coneixem poc el nostre cos i encara menys el de l'ésser estimat. Li dediquem poc temps i poca atenció. En ell, hi ha un univers que mai no acabarem d'explorar, perquè el temps, a més, hi aporta dimensions noves i sensacions que matisen i amplien contínuament l'experiència de reconeixement del cos de la persona estimada.

Enfront de la comunicació a distància i la sobresaturació d'estímuls, disposem d'un recurs molt econòmic, però altament valuós: carícies i tacte, contacte i tendresa. Mostres d'afecte en el cos a cos en lloc de tant de telèfon mòbil, Internet, televisió i altres mitjans de comunicació. Potser avui una bona part dels problemes de salut psicològica i física que tenim, en una societat cada vegada més estressada i bulímica, són crits desesperats dels nostres cossos que, duts per una intel·ligència arcaica, essencial i profunda, reclamen veure satisfeta la seva necessitat de retrobament íntim amb l'altre. Una intimitat que no és solament o necessàriament una relació sexual, sinó que és, abans de tot, necessitat de retrobament sincer, d'amor. I si en comptes d'afartar-nos diàriament de banalitats, històries alienes o passatemps de poc valor emocional i intel·lectual ens submergíssim en els matisos de la carícia amb aquells a qui desitgem expressar el nostre afecte? Sens dubte, el mal humor, la depressió, l'angoixa i fins i tot la tristesa minvarien espectacularment. «Fes l'amor i no la guerra», resava l'eslògan pacifista, i fóra bo reprendre'l.

L'acte d'acaronar-nos estimula les endorfines, unes hormones naturals que segreguem i que ens fan més suportable el dolor, a banda d'aportar-nos una sensació profunda de benestar. A més, avui sabem que si vivim i creixem sense carícies ni amanyacs, sense abraçades, el nostre cervell tendeix a tolerar menys l'estrès, l'ansietat i el dolor. Quan parlem de carícies, no ens referim només a una qüestió de tacte físic i prou, calor o sensacions. És el significat que acompanya la carícia, el missatge d'atenció, allò que fa que el vel s'erici, que esdevingui l'esgarrifança i es desplegui l'emoció. El tacte acompanyat de tendresa i afecte transmet missatges que requereixen mil paraules per ser descodificats. Una moixaina pot arribar a ser l'únic mitjà per expressar allò que no es pot dir en paraules. El seu missatge és útil i profund a la vegada. Perquè la carícia ja parla fins i tot abans de manifestar-se. Ja és present a la seva intenció. Tal com ho va expressar Mario Benedetti, quan va escriure: «Com l'aventura i l'enigma / la carícia comença abans / de convertir-se en carícia».

Així, doncs, la conclusió a què arribem és ben senzilla: podem incloure en l'espectre del nostre llenguatge, juntament amb els nostres afectes, el gest amable, pròxim, conciliador i tendre de les carícies. Som lliures d'escollir incloure en el nostre alfabet comunicatiu i a la nostra dieta emocional una bona dosi de tendresa a través de la pell per tal de construir la nostra Bona Vida i la de la gent del nostre entorn. Com fer-ho, tanmateix? Com podem comunicar-nos més bé amb aquells que estimem? La resposta, senzillament, és a les nostres mans.

«Informe sobre carícies

I

»La carícia és un llenguatge.
Si les teves carícies em parlen,
no voldria que callessin.

2

»La carícia no és la còpia
d'una altra carícia llunyana.
N'és una nova versió
gairebé sempre millorada.

3

»És la festa de la pell,
la carícia mentre dura,
i quan s'allunya, deixa
sense empara la luxúria.

4

»Les carícies dels somnis,
que són prodigi i encant,
pequen d'un defecte:
no tenen tacte.

5

»Com l'aventura i l'enigma,
la carícia comença abans
de convertir-se en carícia.

6

»És clar que el millor
no és la carícia en ella mateixa
sinó la seva continuació.»

Mario Benedetti

## 15. AQUÍ I ARA, LA BONA VIDA

«La vida és el que passa mentre fas altres plans.»

John Lennon

Voldria finalitzar aquest viatge a través de les paraules amb una crida a la consciència, a la llibertat d'escollir i a l'*aquí i ara*.

La nostra vida es desplega en una infinitat successiva de moments. Aquells que van succeir i romanen a la memòria formen part del nostre passat. Els que encara han d'arribar i imaginem que seran el nostre futur. Ara bé, allò que és real, allò que només i certament tenim sempre amb nosaltres és el moment present, aquest mateix moment, o, més ben dit, la consciència de l'existència de l'instant, tan breu que ni tan sols el podem mesurar, perquè, quan ens n'adonem, ja ha passat.

El present es manifesta *aquí i ara*. Més que no pas un moment concret i un lloc determinat, l'*aquí i ara* és la presència que es fa conscient d'ella mateixa, és la nostra capacitat d'adonar-nos que som Presència, que som Consciència. És important sabernos testimonis de nosaltres mateixos, de la vida que es desplega des del nostre centre en tot moment. Perquè no som el nostre nom, que no és res més que una etiqueta; ni el nostre cos, que canvia contínuament; ni les nostres emocions o estats d'ànim, que es transformen i fluctuen segons les influències externes i les elaboracions internes; com tampoc no som les idees que el nostre pensament té sobre nosaltres mateixos, l'altra gent o la vida, tan volubles com una ploma que el vent s'enduu; ni, lògicament, de cap manera no som allò que defineix la nostra feina (quantes vegades ens *autodefinim* dient que som metges, paletes, mestres...). Som, simplement, Presència, Consciència, Ésser. La Presència que s'adona que pensem, sentim, vivim... és tan pura i tan simple alhora, tan despullada i essencial, tan òbvia, que l'acabem per oblidar. Però el seu valor, per bé que obviat, és infinit, perquè és la vida mateixa. Sense Presència no hi hauria Consciència, no hi hauria Vida. És des d'aquí des d'on podem construir la Bona Vida.

Per què, llavors, simplement, no ens deixem ser? Per què no connectem amb el fluir de la vida *aquí i ara*, i ens oblidem de *preocupacions* futures i records del passat, que tan sovint ens castiguen, i ens centrem en l'univers que es desplega des del nostre centre essencial? Hem de veure que el passat i el futur són la seu de les nostres malalties: davant el dolor del record de tot el que hem viscut, i des de l'angoixa de la incertesa del que ha de venir, tenim el present, el moment actual com a lloc efímer i al seu torn etern, per recuperar la salut, la consciència, la vida. És més, fins i tot, des del present podem donar sentit al passat i crear un futur sense angoixes i ple d'esperances. Perquè la vida i totes les seves possibilitats estan concentrades plenament en el present, a l'*aquí i ara*, i es crea des d'aquest centre, des del *jo sóc*.

Què podem fer, llavors? Lliurar-nos al present. Construir la Bona Vida donant-nos completament a allò que ens toca viure, aquí i ara. Sentir, pensar i actuar des del nostre centre essencial. Ell és el punt de partença que es renova indefinidament, moment a moment. Des d'ell podem connectar amb nosaltres mateixos, amb la vida, i fer el viatge que ens proposa dia rere dia.

Som éssers humans conscients. Naixem dones i homes, però esdevenim persones a mesura que ampliem i aprofundim en la nostra consciència. No som màquines. Entre els estímuls que rebem i la nostra resposta hi ha un espai, un espai de consciència. És en aquest espai, *aquí i ara*, on rau el nostre poder de transformació i la nostra llibertat de decidir. El nostre creixement, la felicitat, la Bona Vida resideixen, precisament, en les decisions preses des de la consciència, des d'una actitud positiva i des del lliurament als altres.

Les nostres actituds escollides des de la consciència de present creen emocions i pensaments. Les nostres emocions i pensaments es tradueixen en accions. Les accions que repetim des d'allí es converteixen en hàbits. Els hàbits determinen el nostre caràcter, i és el nostre caràcter allò que dóna sentit a la vida, el que defineix el significat que li volem donar i li donarem quan marxem d'aquest món en el darrer moment. El signe de la nostra vida es construeix, per tant, a partir del simple fet de viure *aquí i ara*, i d'escollir-ho plenament conscients.

Estimada amiga lectora, estimat amic lector, us desitjo una vida a vessar de felicitat, èxits i realitzacions. Una vida plena de consciència, amor i bona sort. De la bona sort que cadascun de vosaltres sou capaços de crear. Bona sort per a la vostra Bona Vida, aquest és de ben segur el meu desig. Gràcies de debò per acompanyar-me en aquest viatge de paraules que cerquen en vosaltres l'amic i el còmplice en la xerrada. I, per bé que aquesta s'esdevingui a través de paraules sobre el paper, no és, tanmateix, menys intensa ni gratificant. Cal que tingueu en compte que les paraules són, potser, el do més important que tenim per crear la Bona Vida. Us desitjo que sigui així. Aquí. Ara. Sempre.

*Profundament agraït, el vostre amic,*

ÀLEX ROVIRA CELMA

## PARAULES PER A UNA BONA VIDA

«Qui no s'ocupa de néixer, s'ocupa de morir.»

BOB DYLAN

«L'objectiu de la vida és néixer plenament, però la tragèdia rau en el fet que la major part de nosaltres mor sense haver nascut realment.
Viure és néixer a cada moment.»

ERICH FROMM

«[...] I quan penses dur a terme el teu somni?
—va demanar el Mestre al seu deixeble.
Quan tingui l'oportunitat de fer-ho.
—va respondre.
El Mestre li constestà:
—L'oportunitat mai no arriba. L'oportunitat és aquí...»

ANTHONY DE MELLO

## 16. ALGUNES BONES PISTES

Si vols continuar fent camí de bracet d'aquells i aquelles que han reflexionat sobre la Bona Vida, més avall tens un seguit de bones pistes. Espero i desitjo que et resultin tan estimulants com ho van ser per a mi. Feliç lectura!


ANÒNIM, *Bhagavad Gita,* Moll, Palma de Mallorca, 1988.

ANÒNIM, *I Ching,* Edhasa, Barcelona, 2005.

ASSAGIOLI, R., *El acto de voluntad,* Trillas, Mèxic D. F., 2004.

BLAY FONTCUBERTA, A., *Creatividad y plenitud de vida,* Iberia, Barcelona, 1997.

COMTE-SPONVILLE, A., *Diccionario filosófico,* Paidós Ibérica, Barcelona, 2003.

COMTE-SPONVILLE, A., *Pequeño tratado de las grandes virtudes,* Andrés Bello, Barcelona, 1997.

COMTE-SPONVILLE, A., *La vida humana,* Paidós Ibérica, Barcelona, 2007.

COVEY, S., *Siete hábitos de gente eficaz,* Paidós Ibérica, Barcelona, 1990.

FISHER, R., *El cavaller de l'armadura rovellada,* Laertes, Barcelona, 2005.

Frankl, V., *L'home a la recerca del sentit,* Ed. 62, Barcelona, 2004.
Fromm, E., *L'art d'estimar,* Ed. 62, Barcelona, 1980.
Giono, J., *L'home que plantava arbres,* José J. de Olañeta, Palma de Mallorca, 2000.
Guix, X., *El sentit de la vida o la vida sentida,* Granica, Barcelona, 2008.
Herrigel, E., *Zen en el arte del tiro con arco,* Gaia Ediciones, Madrid, 2005.
Hesse, H., *Siddhartha,* Edhasa, Barcelona, 2005.
Jodorowsky, A., *La danza de la realidad,* Siruela, Madrid, 2004.
Jodorowsky, A., *La sabiduría de los cuentos,* Obelisco, Barcelona, 2004.
Klein, J., *¿Quién soy yo? La búsqueda sagrada,* Libros electrónicos, 1936.
Krishnamurti, J., *La llibertat primera i última,* Pagès, Lleida, 2007.
Kübler-ross, E., *La rueda de la vida,* RBA, Barcelona, 2006.
Lukas, E., *Paz vital, plenitud y placer de vivir,* Paidós Ibérica, Barcelona, 2001.
Mariscal, E., *Cuentos para regalar a las personas que aman,* Grijalbo, Barcelona, 2007.
Marquier, A., *La libertad de ser,* Luciérnaga, Barcelona, 2006.
Marquier, A., *El poder de elegir,* Luciérnaga, Barcelona, 2000.
Maslow, A., *La personalitat creadora,* Kairós, Barcelona, 2008.
Mello, A. de, *La pregària de la granota,* Claret, Barcelona, 2007.
Nessi, C., *Los buenos y los malos amores,* Aguilar, Madrid, 2008.
Nisargadatta, M., *Yo soy eso,* Sirio, Màlaga, 2007.
Punset, E., *Brújula para navegantes emocionales,* Aguilar, Madrid, 2008.

Rogers, C., *El proceso de convertirse en persona*, Paidós Ibérica, Barcelona, 1996.

Rojas Marcos, L., *Convivir*, Aguilar, Madrid, 2008.

Rojas Marcos, L., *La força de l'optimisme*, Ed. 62, Barcelona, 2005.

Saint-Exupéry, A. de, *El petit príncep*, Empúries, Barcelona, 1991.

Schecroun, J., *Un empujoncito*, Aguilar, Madrid, 2008.

Serrano, S., *Els secrets de la felicitat*, Ara Llibres, Barcelona, 2007.

Steiner, C. M., *Los guiones que vivimos*, Kairós, Barcelona, 2008.

Thoreau, H. D.,*Walden o la vida als boscos*, Símbol, Barcelona, 2002.

Tolle, E., *El poder de l'ara*, Viena, Barcelona, 2006.

Watts, A., *La sabiduría de la inseguridad*, Kairós, Barcelona 1987.

Whitman, W., *Les fulles d'herba*, L'Atzar, Barcelona, 2006.

Wilber, K., *Psicología integral*, Kairós, Barcelona, 2007.

Wilber, K., *Gracia y coraje*, Gaia Ediciones, Madrid, 2008.

Yourcenar, M., *La voz de las cosas*, Gadir, Madrid, 2006.

Zweig, S., *Els ulls del germà etern*, Quaderns Crema, Barcelona, 1983.

*Agraïments*

*A Sylvia Roig Abelenda per la supervisió global del manuscrit.
Els teus suggeriments i les teves aportacions a la forma i el fons han contribuït
a donar al text més profunditat i bellesa. Gràcies per tot el temps i el talent
que has abocat a la feina, Sylvia.*

Aquesta primera edició
de «La Bona Vida»,
d'Àlex Rovira Celma,
composta per Zero Preimpresión
amb tipus Minion,
es va acabar d'imprimir
a Printer
el 12 d'agost de 2008.